홍차 이야기

차례
Contents

차, 현대의 문화 아이콘

중국에서 비롯되어 세계인의 기호품이 된 차는 동·서양에 육지와 바다의 찻길(tea road)을 만들며 오랜 시간에 걸쳐 전파되었다. 차는 전래된 민족의 식습관과 생활양식, 사회의식 등에 따라 변화된 형태로 정착되면서 문화생활 전반에 큰 영향을 주었다.

차를 통해 이야기를 나눌 기회를 제공하고 정신적 여유를 주는 것은 동서양이 다를 바 없지만, 동서양의 차문화는 연둣빛과 붉은빛으로 음용하는 찻물이 다른 것처럼, 가치관도 달랐고, 그만큼 또 다른 길을 걸어왔다. 동양은 신비로우며 사회적으로 윤리성을 갖춘 차문화로, 서양은 자유롭고 다양한 차문화로 서로 다른 문화를 빚어가며 발전시켜 나갔다. 특히 서양 차문화의 대중화 경향은 차를 세계적인 음료로 발전시킨 요인이 되어 차는 커피, 초콜릿과 함께 인류의 삶을 풍요롭게 하는 3대 기호음료로 발전하기에 이르렀다.

오늘날에는 생활양식이 다양해지고 삶의 속도가 증가함에 따라 복잡하고 번거로운 것보다는 간편하고 빠른 생수, 커피, 콜라, 주스 등 현대의 대중적인 음료와 스트레스를 풀기 위한 매개체로 알코올의 소비가 증가하고 있다. 이러한 현상에 발맞추어 차의 형태도 티백, 인스턴트 티, 아이스티 등으로 다양해지면서 현대인의 기호에 부응하고 있다.

현대인은 자유롭고 개성적인 사고를 지니고 있다. 바쁜 생활 속에서 간편한 것을 추구하는가 하면 조금은 복잡한 의식 속에 자신을 내맡기며 휴식을 취하고 싶어 하기도 한다. 최첨단을 걷고 싶다가도 옛 것을 그리워한다. 빠름과 느림의 미학, 간편성과 여유로움 모두를 현대인은 바란다. 바쁘고 복잡한 생활에 지친 육체와 정신의 건강이 걱정되어 이를 지키려 노력하면서도 바쁜 생활을 즐기기도 한다. 차문화의 다양함은 이러한 현대인의 욕구를 채워준다.

차를 준비해서 우려 마시는 행다行茶가 오랜 세월 큰 위안과 만족을 주는 삶의 의식이었던 것처럼, 바쁘고 스트레스가 많은 현대인의 생활에 티타임은 정신과 육체의 휴식을 위한 시공간을 마련해 준다. 개인주의가 강한 현대인들에게 티타임은 서로의 마음을 주고받으며 함께 하는 즐거움을 느낄 수 있게 해 준다. 차는 만남의 즐거움뿐만 아니라 사색을 풍요롭게 해 주며, 한적한 여유를 즐기고플 때 한가로운 마음의 쉼터를 제공해 주기도 한다.

예부터 차의 효능은 동서양을 막론하고 널리 알려져 왔다. 음다생활과 함께 민간요법으로도 많은 사랑을 받아왔다. 유럽에서는 17~18세기에 차의 효능에 대한 논쟁이 있었으나, 현대에 들어서 차의 효능이 과학적으로 증명되면서 건강에 관심이 많은 현대인들은 건강한 생활을 위해 차를 선택하고 있다.

중국에서 발원한 차는 유럽인들의 호기심이 관심으로 연결되면서 바다를 건넜다. 그 관심은 영국인들을 차 애호가로 만들며 생활 속에 뿌리내려 새로운 문화를 창조했다. 일상생활 속에 뿌리내린 영국의 홍차문화는 세계로 전파되며 차는 세계인의 기호품이 되었다. 교통·통신의 발달로 바다는 조그만 호수가 되었고, 넓은 대륙은 함께 사는 마을이 되었다. 서양의 홍차문화는 동양의 차문화와 다시 만나면서 더욱 다채롭고 풍부해지고 있다. 차는 이제 다양함으로 세계를 묶으며 새로운 영역을 다시 한번 만들어 가고 있는 것이다.

유럽으로의 여행

유럽인들이 동양에 처음 발을 내딛었을 당시 동양은 다채로운 문화를 향유하고 있었고, 유럽은 상대적으로 빈약한 생활문화를 가지고 있었다. 비단에 이어 향신료, 도자기, 면제품, 그리고 차 등 동양에서 유럽으로 유입된 물품은 참으로 많았다. 이러한 풍요의 땅, 동양은 유럽인에게는 낙원이었다. 동양을 동경하는 유럽인의 마음이 아시아 항로를 개척하게 된 계기가 되었고, 유럽의 근대 자본주의를 촉진시키는 계기가 되었다. 동양의 차문화에 대한 유럽인의 경외심과 동경은 바로 유럽의 근대사를 열어준 한 계기가 된 것이다.

유럽은 여러 세기 동안 중개자를 통해 동아시아와 교역해 왔다. 특히 유럽인의 향신료 수요에 따른 욕구는 신세계에 대한 탐험의 원동력이 되어 희망봉을 돌아 인도항로를 개척할 수 있었다. 지중해가 아닌 대서양과 인도양의 세계가 열리는 대항해시대가 시작되자 상인들과 선교사들은 유럽인들의 미각을 지배해 왔던 향신료의 수입과 기독교 포교를 위해 본격적으로 낯선 동양으로 향했다.

선두주자인 포르투갈은 차의 존재를 먼저 알게 되었지만 큰 관심이 없었다. 그들의 관심은 향신료 수입과 선교였다. 포르투갈에 이어 해상권을 장악한 네덜란드는 동인도회사를 설립해 동양의 상권을 지배하였다.

일본 무사들의 다회茶會를 처음 접한 네덜란드인들은 차에 대해 깊은 관심을 보이며 차문화의 소재인 차와 다기를 유럽으로 실어 보냈다. 이것이 바로 유럽에서 처음으로 상품화된 차이다. 이후 차는 중요한 국제 교역 상품으로 부상하게 된다.

찻잎을 수입하기 전인 16세기 중엽, 이탈리아의 지리학자 바티스타 라무지오Giovanni Battista Ramusio가 저술한 『항해와 여행Delle navigationi et viaggi: Voyages and Travels』에 유럽인의 문헌에서는 처음으로 차가 언급되었다. 책의 내용 중 '중국의 차'편에서 차를 약으로 쓰이기도 하는 대중음료라 소개했다. 또한 포르투갈 선교사 가스파 다 크루즈Gaspar da Cruz의 『중국지』에서는 차를 손님을 대접하는 음료라 소개했다. 이처럼 중국에서 유럽인들이 보고 느낀 차는 약 또는 손님을 대접하는 음료였다.

이에 비해 일본에서 다회茶會로 차를 처음 접한 유럽인은 단순한 음료가 아닌 신비한 문화로 강렬한 인상을 받았다. 네덜란드의 지리학자인 린스호텐Jan Huyghen Van Linschoten은 『동방안내기』에서 동경의 눈으로 본 신비로운 일본의 생활문화에 대해 기술했다. 일본의 다회를 본 그는 차는 단순한 음료나 약이 아닌 문화라고 이해했다.

17세기 중반 중국 북경을 방문했던 네덜란드 동인도회사 직원은 보고서에서 일본인들은 찻잎을 분말로 만들어 뜨거운 물에 타서 마시지만, 중국인들은 찻잎을 주전자에 넣어 우려낸 물만 마신다고 기록하고 있다. 이처럼 차에 관한 기록들은 동양을 접했던 항해사나 선교사 그리고 상인들을 통해서 유럽에 전해지며 차의 존재를 알림과 동시에 호기심을 한층 불러일으켰다.

네덜란드는 중국 광둥성(廣東省)의 마카오와 일본 규슈(九州) 나가사키현(長崎縣)의 히라도(平戶)에서 구입한 차를 암스테르담으로 보냈다. 네덜란드 동인도회사의 고위간부가 자바총독에게 보낸 편지 중에, 동양에서 수입해온 차를 네덜란드 국민들이 좋아하기 시작했으니 일본과 중국을 운항하는 선박들은 차를 가득 실어왔으면 좋겠다는 기록이 있다. 당시 차는 실로 귀한 이국적 상품이어서 암스테르담의 호화로운 살롱에서만 제공될 정도였다. 왕실과 상류층 사이에 음다습관이 유행하면서 이를 주제로 한 연극이 상영될 정도로 네덜란드의 귀부인들은 차에 열광했다. 이러한 차는 네덜란드에 의해 독일, 프랑스, 영국 등 유럽의 여러 나라에 재수출됐다.

네덜란드인을 통해 유럽 각국에 상륙한 차는 비싸고 이질적인 문화여서 곳곳에서 마찰을 일으켰다. 하지만 그 당시 동경의 대상이었던 시누아즈리(chinoiserie, 중국취향)와 어우러지면서 새로운 미각을 형성하였고 영국에서 자신만의 문화를 새로 탄생시키며 뿌리내린다.

유럽의 기호품

경제적으로나 사회적으로 큰 비중을 차지하고 있었던 동방의 향신료는 유럽인들로 하여금 유럽 외 세상에 관심을 갖게 하는 촉매역할을 했다. 지리상의 발견 이후 발달한 해상 교통로를 통해 탐험가와 정복자로 신대륙을 처음 밟아본 유럽인들은 향신료 외에 커피, 초콜릿, 차 그리고 담배와 같은 기호품들을 줄줄이 들여오기 시작했다. 새로운 기호품들은 이전에 향신료가 수행했던 원격지 무역의 중요한 상품군이 되었고, 맥주, 와인 등의 기존음료와는 다른 새로운 유럽의 미각을 형성하는 데 주요한 문화적 역할을 수행하였다.

유럽에 새로운 기호품이 들어올 당시 알코올은 기호품인 동시에 식료품이기도 했으며, 치료와 의식의 역할을 함께 담당했다. 알코올은 16세기 영국 가정에서 하루에 1인당 3리터를 마셨다는 기록이 있을 정도로 과다하게 소비되었다. 술에 만취한 사람들이 날로 급증하면서 음주관행에 대한 비판이 점차 제기되었다. 종교개혁 시기인 16세기 유럽에서는 음주관습을 고치려는 노력이 있었지만, 무절제한 음주를 제어할 만큼 성숙하지는 않았다. 음주관습을 없애기 위해서는 청교도적인 이데올로기뿐만 아니라 알코올음료를 대체할 만한 새로운 음료의 출현이 필요했다. 때마침 초콜릿, 커피, 차, 담배와 같은 기호품들이 유럽으로 전래되었다. 새로운 기호품들은 처음에는 기존음료와 함께 즐겨지다가 차차 기존음료를 대체하며 대표적인 음료로 자리 잡게 된다.

당시 부유층들은 비슷한 시기에 전래된 낯선 식물의 열매와 잎을 마시고 피우고 먹었다. 에티오피아가 원산지인 커피는 예멘으로 건너가 음료로 정착되면서 본격적으로 재배되었다. 카카오는 멕시코에서, 차는 중국에서, 담배는 아메리카대륙에서만 재배되었다. 유럽인들은 교역과 전쟁이라는 회유책과 강경책으로 시장을 개방시켰다. 그 중에서 차와 커피, 초콜릿은 종교와 관련 있는 음료였다. 중국과 아라비아에서 차와 커피가 사랑받은 이유 중 하나는 종교적인 수양과정에서 각성상태를 유지할 수 있다는 점 때문이었으며, 카카오는 신정국가였던 아즈텍의 귀족들과 멕시코의 지배집단들만 마시던 음료였다. 하지만 이들 세 음료는 유럽으로 건너오면서 종교의식과는 다른 길을 걷게 된다.

특히 차와 커피는 음료 자체보다도 즐기는 형식과 만남과 대화의 기회를 제공하는 매개체로, 그리고 우아하고 고상함을 나타내주는 표식으로 더욱 유행하였다. 또한 커피하우스를 통해 17~18세기의 유럽인들의 정신을 일깨워주는 부르주아 음료로 자리매김했으며, 육체노동에서 정신노동으로 바뀌어 가는 사회가 찾아낸 새로운 음료로 발돋움했다. 차와 커피의 맛은 서로 다르지만, 동일한 역할을 하며 주로 자본주의가 발전한 유럽의 대중음료로 발전했다. 특히 영국에서 차는, 먼저 들어와 새로운 음료군을 형성하던 커피를 대체하면서 영국의 문화를 만들어 갔다. 또 다른 새로운 음료인 초콜릿은 주로 가톨릭지역인 남부유럽 지역을 중심으로 유행했다. 초콜릿은 귀족들의 유약함과 무위도식의 상징이 되며 차나 커피와는 다른 개념으로 발전하게 되었다.

하지만 새로운 기호품이 유럽에 알려져 중요한 식품군으로 자리 잡기까지는 오랜 시간이 흘러야 했다. 이 기호품들은 음료로서의 기능만이 아니라 행복감을 주고, 사회적 교제를 돕는 기능까지 가진 것으로 인정받아 알코올음료가 가졌던 사회적 역할을 축소시키며 전통적인 음식문화에 변화를 가져왔다. 특히 차와 커피는 새롭고 즐거운 생활양식을 가져오면서 이성적인 문화와 자유로운 사고의 상징이 되었다.

영국인과의 만남

인내와 절제를 강조하는 청교도의 나라, 전통을 굳게 고수하는 나라인 영국은 음식을 즐기는 대상이 아닌 육체를 움직이기 위한 연료라 생각해 요리법이 참으로 소박했다. 이런 영국에 중국의 차가 전래되어 왕실과 귀족층에서 점차로 전 국민을 중독시키며 국민음료로 뿌리 내렸다. 영국인들은 차에 자신들의 국민성과 문화를 조화롭게 융합하고, 새롭게 탄생시키기도 하면서 자신만의 문화를 만들었다.

17세기 중반 영국에 적은 양의 차가 네덜란드의 중개를 통해 최초로 들어왔다. 네덜란드의 새로운 사업이었던 차 무역은 영국 왕실에 의해 수요가 조금씩 늘어나면서 비슷한 시기에 들어온 커피와 초콜릿과 경쟁하였다. 네덜란드에 이어 영국 역시 동인도회사를 내세워 해상권과 무역권과 영토를 확보하기 위하여 유럽의 여러 나라들과 치열하게 경쟁하였다. 이들이 획득한 비단, 면, 담배, 설탕, 초콜릿, 커피, 도자기, 보석, 차 등 수많은 상품들은 부유층을 유혹하였으며, 호기심과 상상력이 많은 사람들을 사로잡았다. 진기한 상품을 구입할 능력이 있는 상류층들은 새로운 식료품의 맛과 질감과 색감이 뛰어난 옷감에, 그리고 아름다운 도자기에 매료되었다.

이때부터 영국에 차에 관한 기록들이 보이기 시작한다. 차를 최초로 거래한 무역상 토머스 개러웨이Thomas Garraway의 사업기록에 따르면, 차는 그가 처음 거래한 1657년 이전에도 런던에서 판매되고 있었지만 무척 귀하고 비싸서 왕실의 최고 행사나 접대에만 사용된 상류층의 음료였다.

1658년 런던의 시사주간지 『머쿠리우스 폴리티쿠스Mercurius Politicus』에는 뛰어난 효능을 가진 중국의 '차Tcha'라고 부르는 음료를 런던의 커피하우스에서 판매한다는 광고가 등장한다. 토머스 럭Thomas Rugg은 그의 저서 『1659년에서 1661년의 일지』에서 1659년 11월 14일, 커피와 차와 초콜릿이 시내 거의 모든 곳에서 판매되고 있는데 맛과 효능은 무척 풍부하다는 기록을 남겼다. 그리고 17세기 영국의 생활을 일기에 상세히 담은 사무엘 핍스Samuel Pepys는 해군사무관으로 근무하고 있었던 시기인 1660년 9월 25일 일기에, '찰스 2세께서 처음 들어본 중국차를 한 잔 가져오라고 했다'며 차에 대해 기록하고 있다.

네덜란드와의 동양 무역권 쟁탈 전쟁에서 승리한 영국은 중국과 교역의 길을 열게 되었다. 중국에서 런던으로 보내진 차는 참으로 오랜 시간동안 험난한 여정을 견뎌야 했다. 중국 농부들이 재배한 차를 지방의 판매상들이 구입한 후 도매센터에 판매하면, 그곳에서 중국과 유럽의 무역상들이 모여 차를 골라 광둥성(廣東省)의 항구로 집결시켰다. 봄에 채다해 9월이 되어야 수출항에 도착한 차는 유럽에서 온 무역상들의 선택을 기다렸다. 동인도회사는 이 차를 비단, 향신료, 도자기 등과 함께 이듬해 1월이 되어야 선적했고, 런던에는 겨울이나 그 이듬해 봄이 되어야 도착했다.

동인도회사의 초기 차 수입은 상당히 늦었지만, 점차 경제적 잠재력에 관심을 가지기 시작하면서 정기적으로 차를 수입했다. 찰스 2세의 아내 캐더린 왕비의 애호와 커피하우스의 확산에 힘입어 음다풍습이 유행하면서 차는 점차 알코올이 누리던 절대적 우위를 흔들기 시작했다. 이렇듯 좋은 맛과 건강, 행복감, 사교성이 연결된 기호품인 차는 영국인과 계속된 만남을 가졌다.

차는 만병통치약인가 – 차의 효능 논쟁

동양의 차는 17세기에 이르러 본격적으로 동양무역의 주역으로 등장한 네덜란드에 의해 유럽인들과 만나게 된다. 당시 새로운 기호품이었던 차는 아시아와 유럽이라는 두 대륙의 지리적 거리만큼이나 낯설어 유럽인의 입맛에 자연스럽게 수용되기는 무리였으며, 동양의 식물에 대한 호기심만큼 두려움도 컸다. 따라서 차가 전래된 유럽의 각국에서는 문화적 마찰을 일으키면서 논쟁이 이루어졌다.

차 수입에 대한 반대를 가장 심하게 했던 나라는 독일이다. 예수회 선교사 마르티노 마르티니Martino Martini는 중국인들의 깡마른 얼굴은 음다습관 때문이라면서 차를 멀리 해야 한다고 주장했고, 포고령을 내려 차 수입을 금지해야 한다고까지 주장하는 사람도 있었다. 프랑스에서는 주로 의사들이 차의 효능에 대한 논쟁을 벌였는데, 주크Suk처럼 차를 '성스런 허브'라 칭송했던 의사가 있는가 하면, 가이 패탕Gui Patin처럼 무조건 차를 반대하는 입장을 취하는 의사도 있었다. 통풍痛風에 효과가 있는지 실험해 보자는 신중론을 취한 알렉산더 드 로즈Alexandre de Rhodes는 가이 패탕과 차의 효능에 대한 팽팽한 논쟁을 벌이기도 했다. 하지만 독일의 왕실과 귀족층에서는 동양의 문화에 심취해 차를 음용했으며, 프랑스의 왕실과 귀족층, 그리고 많은 문인들 역시 차를 좋아했다.

새로운 이국음료인 차를 열렬히 환영하는 이도 많았다. 네덜란드의 의사 니콜라스 털프 Nicholas Tulp는 1641년에 출판된 『의학론Observationes Medicae』에서, '차는 장수음료이며, 육체에 활력을 주기 때문에 세상에 그 어떤 것도 차와 비교할 수 없다'며 새로운 음료인 차를 극찬했다. 네덜란드의 궁정의 코넬리우스 덱커Cornelius Decker 역시 차 음용을 권장했다. 하지만 동양의 문화를 동경했던 귀부인들의 차모임이 지나칠 정도로

니콜라스 털프의 『의학론』(1641년)

과도하여 가정생활에 상당한 지장을 초래한다는 반대론도 만만치 않았다.

차가 수입된 초기에 영국에서는 반대론이 커지기보다는 차가 상류층의 음료로, 알코올음료의 대체음료로 떠오르며 자연스레 받아들였다. 특히 차상인 토마스 개러웨이Thomas Garraway는 자신의 커피하우스 '개러웨이스Garraway's'의 한 쪽 벽면에 차의 효능에 관한 글을 정리하여 게시하였고, 당시 작가들은 알코올을 줄여주는 차의 미덕을 칭송하였다.

하지만 차문화가 상류층에서 중류층으로, 그리고 노동자계층으로 확산되며 국민음료로 보급되는 18세기 중엽에 이르자, 차에 대한 논쟁이 전국적으로 활발해졌다. 차가 상류층이 즐

기던 음료에서 대다수의 영국인들이 즐기는 음료로 보급되면서 영국인의 생활이나 무역구조 등 많은 부분에 변화가 오며 반대론을 낳는다.

그 대표적인 인물이 조너스 핸웨이Jonas Hanway, 아서 영Arthur Young, 헨리 필딩Henry Fielding 등이다. 조너스 핸웨이는 가난한 노동계층이 상류층의 흉내를 내어 차를 음용하는 것은 영국에 내려진 저주라며 강경하게 노동계층의 차음용을 반대했으며, 아서 영은 노동자들이 점심식사 대신 차를 마시게 됨에 따라 심각한 영양부족의 위험에 처하게 되었다고 주장했다. 또한 헨리 필딩은 사치품인 차를 가난한 사람들이 음용하게 된 것이 런던에서 도둑이 늘고 있는 원인이라고 주장하였다. 이들은 동양에서 들어온 낯선 음료에 대한 반발이나 차의 효능에 대한 반대보다, 값비싼 차가 노동계층까지 음용하는 국민음료가 되며 파생되는 사회·경제적 문제에 관심을 가졌다.

차에 대한 논쟁이 격렬했던 시기는 바로 산업혁명으로 인해 사회전반에 걸쳐 변화가 크던 시기이다. 가내수공업에서 벗어나 공업과 광산업이 급속도로 발전하고, 도시가 크게 발전한 시기이다. 당시 차는 노동자계층이 피곤한 몸을 이끌고 집에 돌아와 몸과 마음을 따뜻하게 녹일 수 있는 음료였다. 그리고 음식이 부족할 때 뜨겁게 가득 부어 마실 수 있는 편안한 음료로서 더욱 확산되었다. 그들에게 차는 고급차에 백설탕과 크림을 가미한 음료가 아니었다. 거친 최하급 찻잎에 당밀이나 흑

설탕으로 단맛을 낸 차가 가난한 사람들의 필수품인 음료였던 것이다. 서민층과 노동계층의 음다습관은 강력한 비판이 제기됨에도 불구하고 점점 더 확산되어갔다. 18세기 말엽이 되자 차에 대한 반대론은 자취를 감추고 노동자에게는 술보다 차가 더 건전한 음료라는 적극적인 긍정론이 점차 차의 보급을 촉진시켜, 마침내 차에 대한 저항은 사라지게 되었다.

차의 대중화

가정에서의 차 – 상류층과 서민층의 차문화

이국의 기호품이 들어올 당시 알코올은 남녀노소 모두의
기호품이었다. 음주에 따른 피해가 많아 대체재의 필요성을
느낄 즈음 커피, 초콜릿과 함께 차가 영국에 전래되었다. 커피
하우스와 찰스 2세의 아내가 된 포르투갈 공주 캐더린(Catherine
of Braganza, 1638~1705)에 의해 음다습관이 자리를 잡으면서 영
국에서 차가 문화로서 첫발을 내딛었다. 캐더린왕비로부터 비
롯된 왕실 음다습관은 메리여왕과 앤여왕으로 이어지면서 상
류층에 확산되며 영국의 새로운 풍습으로 정착되었다.

'차맛을 아시는, 신분이 높으신 상류사회의 여러분과 귀족

에게만 판매합니다'라는 개러웨이의 1660년 광고전단지의 문구처럼 당시 신분의 상징이었던 차는, 차 전문상이나 약국에서 구입할 수 있었다. 점차 사교와 정보교환의 장이었던 커피하우스에서 차가 판매되면서 기호음료로 보급되어 갔다. 하지만 고가인 차를 마실 수 있는 사람은 귀족이나 자신의 부를 과시하고 싶은 무역상들이었다.

18세기 초에 이르자 차는 왕실에서 상류층 가정 속으로 들어왔다. 모든 계층에서 보편적으로 유행하던 알코올은 상류층의 아침식탁에서 조금씩 밀려났다. 왕실과 상류층의 아침식사 메뉴였던 고기와 술은 빵이나 토스트와 함께 이국의 기호품인 차, 커피, 초콜릿 등을 담은 다관茶罐(차를 끓여 담는 그릇, teapot)에 자리를 내주고 있었다. 하지만 서민층이나 런던에서 멀리 떨어져서 사는 사람들은 아직 차의 존재에 대해 모르는 경우가 대부분이었다.

차의 소비가 지속적으로 증가하자 식품점, 잡화점, 커피하우스에서도 차가 판매되었다. 상류층을 흉내 내고 싶어 하는 서민들은 신분의 상징인 차를 마시면서 상류층의 기분을 느끼고자 했다. 차에 대한 높은 세금 부과는 밀수차를 성행하게 만들었고, 가짜인 '영국산 차'가 성행하게 했다. 이러한 사회현상에 비판을 제기한 이들도 있었지만, 음다습관이 서서히 상류층에서 일반대중 속으로 스며들면서 생활전반에 많은 변화가 나타나게 되었다.

상류층의 남자들은 저녁식사 후, 식탁에 남아 파이프담배를 피우며 포도주를 마시는 것이 일반적이었다. 여자들은 휴게실로 자리를 옮겨 차를 마시며 잡담했다. 간혹 남자들도 여자들이 있는 휴게실로 찾아와 차를 함께 마셨다. 집 앞 정원에 있는 예배당이나 전원풍의 원두막, 텐트 등의 티하우스에서 여름날 저녁식사가 끝나면 차를 마시기도 했다. 상류층에서 음다습관이 정착되면서 음다예절이 생겨났으며, 차에 설탕과 우유나 크림도 첨가해서 마시는 새로운 음다법도 정착되어 갔다.

집을 방문한 손님에게 차를 대접하는 관행은 점차 확산되어갔다. 18세기 중반 즈음이 되자 극빈층을 제외한 모든 가정의 아침식탁에 차가 자리하게 되었으며, 영국인의 하루를 상쾌하게 열어주는 음료가 되었다. 차는 더 이상 귀부인들이 응접실에 앉아서 마시는 상류층만의 음료가 아니었다. 찻값은 비쌌지만 18세기 중반이 지나면서 차는 집에서나, 여행할 때나, 공중 위락시설 등 어느 곳에서나 즐기는 음료가 되었다.

차는 영국인의 일상음료로 자리를 잡아갔지만, 찻값이 워낙 비싸 그다지 많이 소비되지는 않았다. 19세기 식민지인 인도와 실론의 대규모 플랜테이션에서 차가 재배되었고, 차 관세가 인하되자 기호에 맞는 차를 싸게 구입할 수 있었다. 이에 따라 밀수차와 위조 혼합차는 자연스럽게 사라지며 음다습관은 더욱 빠르게 대중화 되었다. 트와이닝Twinings, 브룩본드Brooke Bond, 립튼Liptons 등 차 회사들은 차를 왕실에서 오두막까지 확산시키는, 상류층의 값비싼 사치품에서 서민들의 기호품으로 전환시키는 촉매제 역할을 했다.

　가난한 가정에서는 하루 종일 힘든 노동을 해도 주린 배를 충분히 채울 수 없었다. 대체로 빈약한 식사를 한 후 출근해야 했다. 이러한 소박한 식탁에 차는 늘 허기와 얼어붙은 마음을 달래주는 음료가 되었다.

　산업혁명이 진행되는 동안 노동계층의 생활은 무척 열악했다. 노동계층의 생활 중심이 농촌에서 도시로 바뀜에 따라 '시간엄수'가 엄격하게 요구되었다. 따라서 여유로운 아침식사보다는 간단하면서도 바로 기운을 차릴 수 있는 메뉴가 필요했다. 차와 빵, 죽(porridge) 등은 바로 이에 가장 적합한 메뉴였다. 차가운 빵을 한순간 더운 요리로 바꾸어 주는 한 잔의 차는 19세기 영국 노동자들에게 고마운 음료였다. 도시에서 시작된 영국식 아침식사는 점차 농촌으로 확대되었다. 아침식사를 하기 위한 안락한 주방이 없는 사람들은 길가에서 차를 마시거나 선술집 같은 곳에서 차와 함께 빵과 버터를 주문하기도 했다.

　노동계층들은 고된 생활을 견디기 위해, 그리고 비참한 생활을 술에 취해 잠시라도 벗어나려고 여전히 알코올음료를 마셨다. 성실한 노동력이 절실히 필요했던 공장주들이 노동자의 생산성을 올릴 수 있는 방법을 찾으려고 애쓴 결과 '차 휴식시간(tea break time)'이 탄생했다. 정부와 공장주들은 이를 적극적으로 받아들여 노동하는 사이사이 차를 제공했다. 차를 마시며 잠시 휴식을 취하자 작업능률이 부쩍 올랐다.

　19세기 후반이 되면서 노숙자들에게도 차가 제공되었으며,

차로 술을 대체하자는 금주운동도 전개되었고, 다양한 주제를 가지고 다양한 형태의 차모임이 개최되기도 했다. 가정 밖에서는 티룸, 티 노점상, 티 테라스, 피크닉 티 등이 생겨나며 건강한 생활의 대명사가 됨과 동시에 누구나 즐기는 일상음료가 되었다.

19세기 후반까지도 차는 여전히 아침식사의 음료이자 저녁식사를 한 후 늦은 오후나 이른 저녁에 응접실에서 마시는 음료였다. 그런데 베드포드 7대 공작부인 안나 마리아Anna Maria(1788~1861)가 시작한 '애프터눈 티Afternoon tea(오후의 차)'가 새로운 음다관습을 만들었다. 점심식사와 저녁식사의 간격이 너무 길어 오후가 되면 축 가라앉았던 베드포드 공작부인이 배고픔을 달래기 위해 하녀에게 차와 간식거리를 가져오라고 했던 일에서 유래한 애프터눈 티는, 여주인이 중심이 되어 자연스러운 가운데 세련된 화제가 풍성한 매너 있고 멋스러운 사교의 장이 되었다. 19세기 말엽이 되자 애프터눈 티는 모든 계층의 장벽을 넘어 사회적 관습으로 발전한다.

'하이 티High tea' 역시 19세기에 생겨난 새로운 차문화이다. 차는 이미 노동계층이나 중·하류층에게는 식사와 함께 하는 기본 음료가 되었다. 대부분의 노동계층의 가정에서는 오후에 따로 시간을 내어 차 마시는 시간을 갖기가 힘들었다. 대신 5시 30분에서 6시 즈음, 찬 고기, 파이, 베이컨과 감자튀김, 치즈, 집에서 구운 빵이나 오트밀 케이크가 차려진 테이블 한가운데에 강한 차를 가득 채운 큰 다관을 놓고, 하루를 마감하는 즐거운 식사를 하였다. 풍족한 음식과 함께 차를 마시는 '하이 티'는 꼭 노동계층만의 식사는 아니었다. 모든 계층이 필요에 따라 변용한 하이 티를 즐기기도 했다. 아이들도 4-5시가 되면 차와 함께 간식을 먹는 게 일상적이 되었다. 학교에서 돌아오자마자 '육아 차(nursery tea)'를 먹었으며, 가족과 함께 여행할 때에도 매일 저녁, 차와 음식을 먹었다.

에드워드(Edward Ⅶ, 1901~1910) 시대 영국의 부유층에서는 하루에 여러 번 규칙적으로 차를 마셨다. 20세기에 들자 대부분의 가정에서는 집안에 하인을 두는 사치가 점차 사라지게 되면서 '티 메이드Tea Maid'라는 자동기계가 이를 대신하게 되었으며, 가족과 함께 아침식사를 하기 전에 침실에서 혼자 차를 즐기기도 했다. 전 세계 차 수출량의 60%를 영국에서 소화할 정도로 당시 영국인의 모든 생활은 차에 맞추어졌다. 방송국조차 부인들의 티타임을 의식해 프로그램을 조정하였다. 제1차 세계대전과 제2차 세계대전 중에서도 영국인들의 차생활은 계속되었는데, 차는 힘들고 혼란한 시기의 영국 국민들을 하나로 묶어주는 버팀목이 되었다.

상류층의 티파티와 일반 서민의 티파티 사이에는 사회적·역사적 간격이 존재하지만, 이 두 티파티의 중심에는 바로 차라는 공통분모가 있었다. 따뜻함과 향기 그리고 차의 풍미로 신기하리만큼 사람을 편안하게 해주었다. 거의 모든 노동계층의 가정에서 아침식사에 차를 마셨다. 오전의 휴식시간인 '일레븐시즈Elevenses'와 점심시간에도 식사와 함께 차를 우려 마셨다. 오후에는 중·하류계층들이 상류계층을 모방하여, 친구와 이웃들을 초대해 자신이 감당할 수 있는 만큼의 티파티를 즐겼다. 이리하여 애프터눈 티와 하이 티는 모든 계층이 즐기는 즐거운 티타임으로 영국인의 생활 속에 자리 잡았다. 가정 밖에서는 티하우스와 티 테라스, 티룸, 티가든과 같은 곳에서 차를 마시며 휴식을 취했으며, 20세기 초 탱고의 유행과 함께 '티 댄스Tea dance'라는 새로운 단어가 탄생되었는데, 지금도 티 댄스는 '탱고 티Tango tea'라는 의미로 여전히 남아있다.

17세기 왕실을 비롯한 상류층, 특히 귀부인들 사이에서 신분의 상징으로 시작되었던 영국의 음다습관은 산업혁명시대에 이르러서는 노동계층의 상징으로 자리 잡게 된다. 영국인에게 티타임은 모든 계층의 가정마다 아침식사 중에 없어서는 안 될 음료가 되었으며, 휴식과 함께 이야기를 나눌 수 있는 정겨운 시간을 마련해 주었다. 동양에서 건너온 차는 영국인의 입맛을 사로잡으며 시간의 흐름과 함께 일상생활 곳곳에 흔적을 남기면서 새로운 문화를 만들었다.

공공장소에서의 차 – 커피하우스, 티가든, 온천, 티룸

커피하우스(Coffee house)

유럽에 커피가 전래된 이후 유럽 각국에서는 커피하우스가 개점하였다. 1650년, 영국 최초의 커피하우스가 옥스포드에 개점한 지 2년 뒤, 파스카 로지Pasqua Rosee는 런던의 콘힐지역에 커피하우스를 개점했다. 초기 주변의 적대적인 분위기에도 불구하고 런던의 커피하우스는 점차 인기를 얻어, 1700년경에는 런던에 수천 개의 커피하우스가 개점할 정도로 급속히 유행하며 영국의 역사를 바꾸는 장소가 되었다.

커피하우스는 자유롭게 의견과 정보를 교환하는 장소로서 교역과 정치활동, 그리고 사교와 문학의 넓은 마당이 되었다. 초기 이곳은 모든 계층의 남자들에게 문이 열려있는 신사클럽 Gentlemen's club의 성격을 띠는 일종의 토론장이었다. 커피하우스에서 음료를 마시며 장시간동안 다양한 주제의 토론을 경청할 수 있고, 온갖 정보를 얻을 수 있어 한 때 '페니 대학(Penny University)'이라 불리기도 했다.

다양한 계층의 다양한 성격들이 모이며 당시 사회적 기능을 충족시킨 커피하우스는 술집과 대비되면서 영국의 언론과 문학에 큰 영향을 미쳤고, 정치경제면에서도 중요한 역할을 담당하였다. 대부분 커피, 차, 초콜릿, 셔벗 등의 음료는 물론 찻잎과 설탕 등도 허가를 받아 판매하였는데 커피하우스마다 판매하는 음료가 똑같지는 않았다. 알코올을 판매한 곳도 있었지만 커피하우스 벽면에 과음과 좋지 못한 술버릇에 대한 주의가 커피와 차가 효능이 있다는 등의 내용과 함께 손님들이 지켜야할 준수사항으로 걸려있었던 것을 보면 알코올음료를 취급하는 커피하우스는 많지 않았던 것 같다.

런던의 차상인 토머스 개러웨이는 1660년 비싼 찻값에도 불구하고 차 판매고를 높일 계획으로 자신의 커피하우스 벽면에 차의 소개와 함께 건강증진효과와 유용성에 대해 홍보했다. 커피 외에도 차, 설탕, 담배 등 해외에서 건너온 새로운 기호품들로 이국적인 정취를 느낄 수 있는 커피하우스의 급속한 성장과 자유분방한 분위기로 인해 남편을 빼앗긴 주부들, 청교도들, 맥주 양조업자들은 커피하우스를 싫어했다. 특히 당시 남편들은 여성 금지구역인 커피하우스에서 그들만의 자유와 안락을 누리고자 했다.

주부들은 남편의 커피하우스 중독을 참을 수 없었다. 지나친 커피음용이 성생활에 지장을 가져온다는 내용의 '커피하우스에 반대하는 여성의 청원서(Women's Petition Against Coffee)'를 간행하며 커피하우스에 남편의 출입을 막아 달라는 탄원을 제출하기도 했다. 이에 대응하여 남성들은 '여성들의 청원서에 대한 남성의 답변(The Men's Answer to the Petition Against Coffee)'라는 성명으로 대응했다. 주부들의 호소는 무위로 돌아가고 남성들은 더욱더 커피하우스의 출입이 잦았다. 그 뒤 커피하우스의 여성 출입 금지령이 해제되고 여성들을 위한 토머스 트와이닝의 두 번째 커피하우스 '골든 라이언Golden Lyon'을 시작으로 여성의 출입이 가능한 커피하우스가 생기고 여자들도 남자들 못지않게 커피하우스를 이용하게 되면서 이 분야의 남녀평등을 이끌어낸다.

계층간의 차이를 문제 삼지 않는 자유로운 분위기가 충만한 커피하우스에서는 근대 문화의 다양한 요소들이 탄생하였다. 커피하우스는 찻잔이 놓여있는 테이블을 가운데 두고 서

영국의 커피하우스(1674년)

로 의견을 나누었으며, 신문과 새로운 문학사조와 근대과학의
기초가 태동했으며, 상업적 교역과 정치활동의 중심지가 되었
다. 오늘날에도 노벨상 수상에 버금가는 영광으로 여겨지는
과학자들의 모임인 왕립협회가 이곳에서 탄생하였다. 그레시
안 커피하우스는 화학자인 로버트 보일Robert Boyle, 물리학자
아이작 뉴턴Sir Isaac Newton, 로버트 훅Robert Hooke 등 영국왕립
학회 회원들의 모임장소였다. 17세기 후반 영국에서는 수많은
과학자들이 커피하우스에서 만나 진행한 대화와 논쟁 그리고
연구발표가 밑바탕이 되어 근대과학의 기초를 확립했다.

커피하우스에서 교환되는 정보는 경제에 중요한 의미를 가
졌다. 에드워드 로이드Edward Lloyd의 커피하우스는 항해와 관
련된 사람들의 모임장소로 발전하였다. 로이드의 커피하우스
에 모인 사람들은 최신 정보를 교환하고, 로이드가 발행한 소

식지 '로이드의 뉴스'를 보며 새로운 정보를 접하곤 했다. 점차 로이드의 고객 중 상업이나 선박업에 대한 정보를 교환하는 보험회사 대리인 그룹이 눈에 띄게 불어났다. 18세기를 지나면서 로이드 커피하우스는 커피하우스라는 본래의 기능을 상실하고, 세계 최대의 보험회사, 런던 로이드 회사(Lloyd's of London)로 성장하였다.

영국 소설이라는 새로운 문학 장르의 탄생 배경에도 역시 커피하우스가 자리하고 있었다. 커피하우스 덕분에 작가들은 여러 계층의 사람들을 만나 이야기함으로써 왕실이나 지배자들의 이야기가 아닌 평범한 인물들의 일상과 경험 등 현실성 있는 이야기를 그려낼 수 있었다. 자유로운 대화와 논쟁을 통해 문학적 사고의 폭을 넓히며, 간결하고 세련된 스타일로 전개하는 방법을 배웠다. 다양한 소식과 이야기 거리를 접할 수 있었던 커피하우스에서 모임을 가졌던 작가들은 그 시대의 사상과 정서를 충분히 접하며 자신만의 스타일을 만들어갔다.

당시 영국의 대표작가 존 드라이든John Dryden, 스위프트, 에디슨, 포프, 스틸, 디포 등의 문인들은 물론 재기에 찬 잡담을 즐기는 사람들 역시 윌Will과 바튼Button의 커피하우스를 주로 찾았다. 나이와 출신계층은 다르지만 문학적 공동 관심사로 뭉쳐 영국 문학계의 주역으로 새로운 변화를 이끌어갔다.

당시 소식거래소였던 커피하우스는 정보를 얻고 기사를 쓰는 편집실로도 이용되었다. 주간지 『태틀러Tatler』『스펙테이터Spectator』가 그 예이다. 『태틀러』의 편집자였던 리차드 스틸은 태틀러의 주소를 과학자들의 정보 교환의 장소인 그레시안 커피하우스Grecian Coffee House로 기재하였다. 그는 10여 곳의 커피하우스를 규칙적으로 다니며 정보를 얻어 사교계의 소식과 문학, 학문, 그리고 일반적인 뉴스 등 많은 부분을 커피하우스에 관한 기사로 채웠다.

커피하우스마다 각기 정취가 달라 사람들은 각자의 기호에 맞는 곳에서 즐겼다. 체스 애호가들은 올드 슬로터에, 법률가들은 난도 혹은 그레시안에, 상인들은 로이드, 개러웨이, 조나단에, 성직자들은 트루비, 차일드에, 작가나 문예 애호가는 윌, 바튼 커피하우스 등에서 주로 모임을 가졌다. 각자가 추구하는 기호에 따라 만남의 장소가 달랐던 커피하우스는 정치, 경제, 문화 등 근대문화를 여는 새로운 탄생의 장소가 되었다. 해외 무역에 종사하는 상인을 비롯해 여러 계층의 사람들이 교류와 정보교환을 하는 장으로 영국의 지적 생산력을 발전시키는 데 지대한 역할을 수행했던 커피하우스는 자연스럽게 클럽으로 바뀌어 갔다.

티가든(Tea Garden)

주로 도심에 있으며 남성의 전유물이었던 커피하우스가 쇠퇴하자 고상하고 격조 있는 곳에서 남녀가 함께 차를 즐길 장소를 찾게 되었다. 아름다운 꽃이 만발한 낮과 형형색색의 불빛이 찬란히 빛나는 밤의 산책길, 연주의 향연이 펼쳐지는 콘서트홀과 온갖 오락거리 등 다양한 여가생활과 함께 차와 식사를 제공했던 티가든은 이렇게 탄생되어 당시 차문화와 레저 생활을 이끌어갔다.

티가든은 황태자부터 노동자계급에 이르기까지, 남녀·계층을 가리지 않고 입장료만 내면 들어갈 수 있는 평등한 오락장소로 각광받았다. 그곳에서 차와 식사를 하며 정원의 중앙에 있는 원형 음악당에서 음악가들의 연주회와 마술사와 기예단, 심지어는 소방원들의 시범을 보며 손님들은 즐거운 시간을 보냈다. 또한 아름다운 자연을 무대로 볼링, 게임, 승마, 뱃놀이, 댄스홀에서의 춤, 그리고 밤이 되면 전등으로 밝게 빛나는 마술 같은 그곳에서 불꽃놀이를 하는 등 여가를 즐겼다.

복솔Vauxhall이나 멀베리Mulberry, 화이트 컨딧 하우스White Conduit House 등의 티가든이 있었는데 당시 멋을 아는 사람들이라면 꼭 방문하는 곳이었다. 이러한 티가든 가운데 가장 유명했던 티가든 '복솔'의 개장일은 런던시민에게 신록이 파릇파릇 돋고 꽃들이 활짝 피는 봄이 왔음을 알리는 날이었다. 이곳은 정원과 숲 속의 산책로가 꼬불꼬불하고 복잡해서 자주 방문해 익숙한 사람이라도 길을 잃어버리기 일쑤였다. 메어리레본 티가든은 음악연주로 유명했다. 헨델은 자신이 작곡한 칸타타 공연을 관람하러 정기적으로 이곳을 방문할 정도였다. 때로는 무례한 행동으로 평화스러운 분위기를 깨뜨리는 사람도 있었지만 다양한 계층의 사람들은 티가든에 푹 빠져있었다.

티가든은 신사숙녀들에게 저녁 사교장으로서의 역할을 톡

복솔 티가든

톡히 했다. 사랑한다는 뜻이 숨어있는 '티가든에 데려 가 주세요'라는 말은 당시 유행어가 되었고, 티가든에서 남녀가 차를 마신다는 것은 연애와 청혼을 의미하기도 했다. 티가든은 화려한 의상을 뽐내는 많은 사람들과 행복한 소리들로 가득한 곳이었다.

왕족과 점잖고 매력적인 신사숙녀도 이용했지만, 문턱이 낮아져 거친 노동계층의 사람들이 많이 이용하면서, 또 19세기 홍차를 중심으로 하는 사교문화가 가정의 애프터 눈 티로 옮겨지면서 티가든은 자연스레 시들어져갔다. 하지만 1868년 빅토리아여왕이 버킹엄궁에서 왕실 티파티를 개최한 이후 티가든 파티가 다시 유행하였고 영국적인 행사로 다시 자리 잡기도 했다.

온천(Spa towns)

　종교개혁 후, 순례지였던 성천聖泉을 중심으로 온천이 급속하게 발달했다. 이러한 변화 위에 이윤추구를 정당화하는 세속화의 물결로 온천은 다각적인 상업 활동이 가능한 중심지로 발달했다. 의료인 집단, 사업가 그리고 온천 인근 주민들은 온천수와 온천요법의 판매, 숙박은 물론, 볼링, 승마 등 건전한 스포츠로부터 퇴폐적 향락에 이르기까지 다양한 레저활동을 상업화하였다. 기존의 귀족들에게 한정되었던 사적인 레저활동이 대중적으로 확산되면서 중산계층에게 신분상승을 위한 모방 욕구를 부추겼다.

　온천은 비단 건강을 회복하는 요양소만은 아니었다. 그곳은 근세 영국 사람들에게 다양한 오락을 제공하는 곳으로 가장 발달된 레저의 장이었다. 도시를 벗어나 사교를 목적으로 온천장으로 모인 사람들은 여흥과 레저생활을 광천수보다 훨씬 더 중요하게 여겼다. 찰스 2세는 프랑스 궁정의 사람들이 여름이면 온천으로 떠나는 것을 보고 영국에 돌아와 휴양을 위해 온천을 찾는 관행을 도입했다. 그리하여 1663년 처음으로 왕과 왕비는 바스Bath와 턴브리지 웰스Tunbridge Wells를 찾았다.

　17세기 중반 이후, 영국의 온천들은 본격적으로 연회장과 커피하우스를 갖추기 시작했다. 1636년 턴브리지 웰스에 최초의 커피하우스가 등장하면서 다른 온천들도 앞 다투어 생겨났다. 원래는 남성들의 흡연실 옆에 여성들을 위한 휴식공간이 있었는데 이후 두 장소 모두 비슷한 서비스를 제공하며 휴식과 사교 두 기능을 충족시켰다. 여유롭게 앉아 차나 커피를 마시며 온갖 소식과 사람들을 접할 수 있는 공간이었다. 차는 사교를 위해 온천에 온 사람들의 생활 중 가장 핵심적인 역할을 했다. 온천에 오면 온천욕뿐만 아니라 연극·오페라·경마를 관람하고 공원과 정원을 산책하며, 연회장에서의 상류사회의 모임에 참석하였다. 그리고 우아한 패션과 완벽한 매너로 차를 마시면서 여유롭게 하루를 즐겼다.

바스Bath 온천을 통해 온천에서의 차생활을 자세히 살펴보면 다음과 같다. 바스 온천은 제임스 2세의 딸인 앤 공주가 이곳에서 병을 고쳤다는 사실이 알려지면서 귀족들의 주목을 받으며 아름다운 휴양도시로 번창했다. 18세기 당시 바스의 펌프 룸Pump Room은 온천을 찾는 사람들의 사교장이었다. 펌프 룸에서 트리오 연주를 들으며 식사나 애프터눈 티를 즐길 수 있었다. 바스 온천에서의 하루는 온천욕을 한 후 광천수를 마시며 음악을 들으며 잡담하는 것으로 시작한다. 아침식사를 하기 전에 휴게실에 가서 커피를 마시며 신문을 읽거나 편지를 쓴다. 아침식사는 정원이나 연회장에서 하는데, 콘서트나 강연, 무도회와 함께 한다. 아침식사 후에는 예배를 보고나서 마을을 산책한다. 오후가 되면 런던에서 보다 일찍 정찬을 먹고, 저녁 예배를 본 후에 음료실로 간다. 그 후에는 산보를 한후 연회장에서 차를 마시고, 저녁이 되면 연극, 무도회, 도박을 하거나 친구를 만난다.

밤에 무도회가 열릴 때면 많은 사람들이 차를 원해 처음부터 무도회장에 입장할 때 6펜스의 입장료를 받고 차를 제공했다. 이렇듯 바스 온천에서 차가 엄청나게 판매되어, 바스 온천의 운영진은 많은 양의 찻잎과 차도구들을 주문하기 바빴다.

티룸(Tea room)

1840년대 금주운동이 시작되면서 가난한 사람들을 위한 금주업소들이 속속 등장했다. 이 금주업소들은 처음엔 커피만을 판매한 곳이 많았으나 점차 다양한 음료를 팔게 되었다. 저렴한 커피하우스의 유행은 19세기 후반 고급 티룸으로 바뀌게 된다. 제과 체인점인 ABC(Aerated Bread Co.)가 최초로 티룸Tea room을 개설하였다. 안락하고 단순하고 소박한 분위기의 ABC 티룸은 50-60개의 분점을 개설할 정도로 유행했다. 그러자 다른 제과회사들과 낙농회사, 초콜릿회사, 담배회사, 여성클럽 등도 이 유행을 따랐다.

티룸의 분위기는 점심시간 혹은 오후의 휴식시간에, 사무실과 집에서 잠시 벗어나 휴식을 취하기에 가장 적합한 곳이었다. 사람들은 일상의 단조로움에서 벗어나 우아하게 휴식을 취하기 위해 티룸을 찾았다. 19세기까지만 해도 남성들은 아무 때나 어디든지 가서 식사를 할 수 있었지만 여성들은 남편이나 아버지와 동행할 때만 밖에서 식사할 수 있었다. 티룸은 이러한 여성들에게 차와 식사를 하며 자유롭게 이야기를 나눌 수 있는 공간을 마련해 주었다.

글래스고의 크랜스턴 티룸Cranston's Tea room과 런던의 라이언스Lyons는 값싸고 맛있는 음식으로 모든 계층과 연령층의 여성들에게 편안하게 휴식을 취할 수 있는 공간을 제공했다. 특히 값싸고 질 좋은 음식뿐만 아니라 깨끗한 유니폼을 입은 종업원들이 고급스러운 매너로 손님들을 맞이했다. 이러한 이유로 라이언스의 티숍은 급속히 성장하게 된다. 깔끔한 라이언스 티숍은 런던 전역에서 무척 유명했는데 에드워드 7세도 국민들에게 좋은 음료를 제공해준 조셉 라이언스를 칭찬할 정도였다.

라이언스는 라운지나 넓은 정원에서 아름답고 부드러운 현악기와 피아노 음악을 배경으로 오후의 차 행사를 하며 고객을 맞이하였다. 1908년 1월 28일자 「모닝 포스트」지는 새로 문을 연 라이언스사의 월도프 티숍Waldorf Tea shop에 대해 '일단 안에 들어서면, 바로 넓은 정원에 마음을 빼앗긴다. 안마당 전체를 유리천장으로 장식해 정원으로 꾸몄고, 대리석 테라스는 연녹색과 흰색의 격자무늬로 장식하여 우리 눈을 편안하게 해준다'라 평했다.

단순하고 소박한 분위기의 ABC 티룸, 화려하고 웅장한 라이언스 티숍, 안락하면서도 화려함을 효과적으로 조합한 케이트 크랜스턴 티숍Kate Crranton's Tea shop, 이외에도 낡은 빈민가의 아파트를 개조한 윌로우 티룸Willow Tea room, 환상적인 인테리어의 매킨토시 티숍Mackintosh's Tea shop 등 각기 다른 분위기의 티룸은 대도시나 시골 어디에서나 만나볼 수 있었다. 국회의사당의 티룸은 정치인들이 모여서 토론하고 일상적인 정

치활동을 하는 데 중요한 역할을 했으며, 시골에서는 덩굴장
미와 파릇한 잔디 그리고 테라스가 있는 아름다운 정원이 있
는 주택을 찻집으로 개조해 주말이나 휴일에 도시에서 자전거
나 기차를 타고 오는 손님들을 맞이했다.

티룸의 운영비용이 상승하자, 업주들은 셀프서비스 커피바
Coffee bar로 전환하여 고객의 욕구를 충족시켰다. 그러다 건강
에 대한 관심이 고조되면서 예전의 티룸이 새롭게 문을 열거
나 현대감각을 가미한 티바Tea bar가 새롭게 문을 열었다. 첨단
유행과 건강을 쫓는 현대인들에게 다시 한 번 가까이 가면서
세련된 티룸들이 속속 나타나고 있다.

차, 청혼의 사회적 행동코드

18세기 후반 당시의 유행을 이끌어가는 티가든이 많았다.
이곳에서 사람들은 주로 화려한 꽃과 불빛으로 장식된 아름다
운 정원을 산책하거나, 승마, 불꽃놀이, 서커스, 뱃놀이 등의
다양한 오락과 춤을 즐기면서 차와 함께 여가를 즐겼다. 봄에
서 가을까지 문을 여는 티가든은 신사숙녀들의 휴식처요 사교
장이 되었다.

당시 연인들이라면 꼭 가야하는 매력적인 곳이었던 티가든
중 이즐링턴에 있는 화이트 컨딧 하우스White Conduit House는
아름답고 싱그러운 산책로와 플랑드르 스타일인 멋있는 오두
막 그리고 넓은 정원에 차를 마시는 작은 공간이 있어 고객들

을 유혹했다. 이러한 화이트 컨딧 하우스에서 한 쌍의 신사숙녀가 차를 마신다는 것은 연애와 청혼의 의미였다. 한 남자가 어떤 여자와 사귀고 싶을 때에 마치 실수로 그런 것처럼, 여자의 스커트를 살짝 밟은 후, 조금 전의 실수(?)를 사과하는 뜻으로 화이트 컨딧의 정원에서 차 한 잔 하자며 데이트 신청을 하는 것이 일반적인 관례였다. 그 당시 런던에서는 '화이트 컨딧의 빵'이란 말과 숙녀들이 보내는 '사랑한다'는 유혹의 시그널인 '티가든에 데려 가 주세요'라는 말이 유행어가 되었다. 이처럼 티가든은 아름답고 사랑스런 청춘남녀들의 사랑의 공간이었다.

티 레이스(Tea race) – 쾌속 범선의 발명

1830년대까지 영국의 동인도회사는 '항해조례(Navigation Act)'를 방패삼아 차를 독점으로 중국의 광둥성으로부터 국내에 들여왔다. 경쟁할 필요성을 전혀 느끼지 못했던, 중국으로부터 런던으로 향하는 동인도회사의 선박은 속도에 그다지 신경 쓰지 않았다.

1833년 중국과의 무역이 자유화되면서 많은 영국의 차상인들은 각 항구에서 중국으로 향하였다. 영국과 중국 간의 무역은 영국국적의 선박만이 할 수 있도록 한정되었고, 이를 기다렸다는 듯이 각 지방항구에서 닻을 올렸던 것이다. 새로운 차 무역상들은 신선한 햇차를 최단시간에 많이 싣고 오는 선박을

물색하는 데 온힘을 다 기울였다. 그 결과 차를 빨리 운반하기 위한 쾌속선, 클리퍼Clipper시대가 막을 열었다. 향신료를 들여올 때에는 생각지 못했던 티 레이스Tea race가 시작되었다.

보스턴 차 사건에도 불구하고 차에 대한 미국인의 수요는 수그러들지 않았고, 선박도 극동지역에서 유럽까지 다양한 항로를 다니면서 무역로를 개척했다. 그러던 중 영국의 항해조례가 폐지되자, 미국의 선박들은 영국 차시장을 공략했다. 1850년 넓은 돛과 선적 능력을 대폭 늘린 대형선박 오리엔탈호는 그 해 채취한 1500톤의 이번차二番茶를 싣고 95일 만에 런던에 입항하는 기록을 세웠다. 오리엔탈호는 다른 영국 선박보다 운반비가 비쌌으나 이를 계기로 영국 선박의 2배 이상의 화물료를 받고 운항하며 주도권을 쥐게 되었다. 강력한 라이벌로 미국의 쾌속선박이 등장하자 영국의 차무역상들로서는 커다란 위협이 아닐 수 없었다. 영국의 선주들은 미국의 쾌속선에 대항하기 위해 그리고 급팽창하는 소비자들의 수요에 맞추기 위해 스톤웨이Stornway호, 라이트닝Lightning호 등 성능이 향상된 클리퍼를 건조했다.

19세기 중반 연례행사가 되다시피 한 영국과 미국의 티 클리퍼 레이스에 런던사람들은 열을 올렸고, 이와 동시에 일찍이 맛보지 못한 신선한 향기와 맛이 가득한 햇차를 기대하였다. 영국과 미국의 티 클리퍼tea clipper들이 중국의 푸저우(福州)에서 싣고 온 차가 런던의 템즈강 어귀에 도착하면 런던의 도매상들과 차를 선별하는 직원들뿐 아니라 차를 실은 선박이

하적하는 광경을 보기 위한 사람들로 부두가 가득했다. 곧바로 감별실로 보내진 차는 샘플 결과로 곧 매매가 이루어졌다. 이리하여 영국 전역으로 운송되어 소비자들은 새로 들어온 차맛을 볼 수 있었다.

누가 가장 먼저 차 꾸러미를 하역할지 모르는 스릴 만점인 티 레이스는 사람이 모이는 곳 어디에서나 주요한 화제가 되었다. 런던의 차 상인들은 런던항에 가장 먼저 도착한 선장과 선원들에게 상당한 대가를 지불하겠다며 열기를 불어넣었고, 이에 선주들이 팔을 걷어붙이며 뛰어들자 티 레이스는 더욱 열광적으로 진행되었다. 티 레이스는 홍차를 즐기는 사람들은 물론 선주, 저널리스트, 수송업자, 심지어 시골 농민들까지도 모두 빠져들 정도로 영국민 전체의 행사가 되었다.

당시 티 레이스에 참가한 클리퍼들 가운데 가장 유명한 것은 지금은 스카치 위스키 상표로 잘 알려진 커티삭Cutty Sark호이다. 스코트랜드 글래스고 클라이드강 연안의 던버튼에서 건조된 커티삭호는 1869년 처녀항해를 시작했다. 커티삭호가 처녀항해를 한 그 해, 수에즈 운하가 개통되어 증기선이 등장하자 커티삭호는 잠시 동안 차를 운반하다 차 교역을 그만두게 되었다. 그 후 호주의 양모운반선으로 사용되다가 포르투갈의 해운업자에게 팔려 한때 국적이 바뀌기도 했다. 그 뒤 커티삭의 마지막 선주 드만이라는 영국인 선장 내외에 의해 다시 영국 국적을 되찾았다. 그리하여 템즈 항해학교의 교육용으로 사용되다 복원작업을 마치고 현재는 유일하게 남아있는 쾌속

범선으로 그리니치의 박물관에 전시되었지만 2007년 화재로 파손되었다.

티 레이스 중 가장 흥미진진한 경기는 1866년에 무승부로 끝난 태평Taeping호와 애리얼Ariel호의 레이스이다. 5월에 푸저우를 출발한 11척의 쾌속범선 중에서 태평호, 애리얼호, 피어리크로스Fiery Cross호, 세리카Serica호는 영국해협을 들어설 때까지 접전을 벌였다. 최종 선두는 태평호와 애리얼호로 중국을 떠난 지 99일만이었다. 예인선과 안내원을 고용하여 최단항로를 택한 태평호는 때마침 썰물을 만나 수심이 줄자 템즈강 어귀에서 역전할 수 있었다. 애리얼호는 약간은 늦었지만 차를 더 많이 실어왔다는 공을 인정받아 20분 먼저 도착한 태평호와 공동우승으로 결정되었다.

1869년 수에즈 운하가 개통되어 런던에서 봄베이까지 21,400km이었던 항로가 11,472km로 단축되자 차의 루트도 짧아지고, 차 운반 경쟁도 막을 내리게 되었다. 차 운반 범선은 어떤 차 광고보다도 차를 알리는 가장 중요한 도구가 되어 차 소비량을 급증시키는 데 일익을 담당했다.

차와 도자기

중국과 일본의 도자기 수출

중국 도자기의 본산은 장시성(江西省) 포양호 동쪽 기슭에 위치한 징더전(景德鎭)이다. 원나라 때 많은 도공들이 징더전으로 모여들고 송나라 경덕제 때에는 왕실에 도자기를 바치라는 칙령이 내려진다. 이후 징더전 가마라는 명칭을 줄곧 사용되게 되었다. 9세기 이전부터 중·근동 지방과 동남아시아에 자기를 수출했던 중국은 페르시아를 거쳐 유럽에 자기문화를 전파했다. 인도항로를 열린 이후, 징더전 가마에서 생산된 자기는 유럽에 수입되어 신분의 상징이 되었다. 중국취향(chinoiserie)에 대한 붐으로 명·청 교체의 혼란시기를 제외하고는 유럽인들의 사랑을 독차지하였다. 유럽의 가마들은 징더전의 자기를 모방하면서 새로운 발전을 추구하였다. 마침내 중국의 자기기법을 발견하자 모방에서 점차 시대상과 문화를 자기 속에 가미하는 독창적인 작품과, 본차이나(bone china, 骨灰瓷器) 등 새로운 자기문화를 만들어 가면서 세계 도자기 문화의 중심은 중국에서 유럽으로 바뀌게 된다.

일본의 자기는 1616년 사가현(佐賀縣) 아리타(有田)에서 시작되었다. 아리타에서 구워진 도자기는 근처의 이마리(伊萬里)항에서 수출하였기 때문에 '이마리 도자기(Imari wares)'라 불렸다. 조선백자 기술을 기초로 탄생된 이마리 도자기는 명에서 청으로 중국의 왕조가 교체되는 혼란시기에 호기를 맞는다. 당시 혼란한 중국의 사회상황은 도자기 생산에도 영향을 미쳤다. 징더전의 청화백자를 수입하던 네덜란드의 동인도회사는 중국자기를 사들일 수 없어 징더전의 대체품으로 네덜란드와 무역을 하고 있던 일본으로 눈을 돌렸다. 네덜란드 동인도회사는 일본의 아리타 가마에 중국풍의 청화백자를 굽게 했다. 이로 인해 일본의 자기 생산은 큰 탄력을 받게 되었고 그러한 경험을 바탕으로 일본의 도자기 산업은 비약적으로 발전하게 된다.

청나라가 안정되자 다시 징더전에서 수출을 할 수 있게 되었다. 유럽시장에는 다시 중국제품이 늘어나게 되었지만 한편으로는 일본이 명·청의 교체기를 틈타 중국의 청화백자를 모방한 것 외에 일본이 수출한 채회자기(彩繪瓷器)가 유럽인의 눈길을 끌었다. 여백을 남기면서 주로 초화문과 인물문 등의 그림을 그렸는데 적·청·녹·황색에 금채가 더해진 이마리 도자기의 하나인 가키에몬 패턴Kakiemon pattern이 바로 그것이었다. 특히 유럽의 도자기 역사라 할 수 있는 마이센Meissen 가마는 처음에는 중국풍을 모방했지만 곧 특유의 여백과 전통적인 일본 문양을 드러낸 가키에몬 스타일을 도입했다. 이후 일본의 가키에몬 패턴은 마이센뿐만 아니라 유럽 전역에 유행하였다. 중국에서 도자기 수출이 중단된 사이 유럽인들에게 사랑을 받은 이마리 도자기였지만, 중국에서 이마리의 문양을 본떠 징더전에서 구워진 차이니스 이마리가 나올 정도로 일본의 도자기는 유럽에서 환영을 받았다.

유럽의 '시누아즈리(chinoiserie)' 열풍

동·서양은 서로 교류하기 이전부터 흙으로 생활용구를 빚어 사용하고 있었다. 먼 거리만큼이나 다른 문화권이었던 동양과 서양은 각기 다른 방법으로 그릇을 빚었다. 교통로가 개척되고, 선박의 크기와 속도가 개량되면서 서로의 도자기 기술을 접하게 되었다. 유럽인들은 중국의 도자기를 접하자 단번에 매료되어 일방적으로 수용하기에 이른다.

포르투갈에 의해 바닷길이 개척되면서 도자기 문화도 획기적인 전환기를 맞게 된다. 이미 이전 세기부터 중국에 대한 이국정서에 관심을 가졌던 유럽인들은 16세기에 이르자 폭발적

청화백자 다관(1730~1740년대)

인 관심을 보였다. 처음엔 유럽의 왕족과 귀족들의 수집정도
에 머물렀으나 점차 중국 및 일본의 문화상품을 실내장식에
활용하며 유행의 급류를 타게 된다. 이러한 사회현상은 17세
기에 이르면서 하나의 커다란 사회현상으로 자리했는데 이를
'시누아즈리'라 불렀다. 시누아즈리는 당시 바로크 양식이나
로코코 양식의 흐름과 어우러지며 전 유럽으로 확산되었는데,
불어에서 그 기원을 찾을 수 있는 것처럼 그 원동력이 프랑스
에 있었음을 반영한다. 유럽인들의 마음을 단번에 빼앗은 시
누아즈리 열풍의 핵심에는 징더전 가마에서 만든 청화백자와
'파미유 로즈famille rose'와 '파미유 베르famille verte'라는 색채자
기가 큰 역할을 했다.

특히 16세기부터 네덜란드 동인도회사가 유럽에 대량으로
수송해온 중국 징더전의 청화백자는 시누아즈리의 중심에 있
을 정도로 크게 유행했다. 18세기에 들어서면 황금알을 낳는
백색 자기를 개발하기 위해 유럽의 각국에서는 많은 노력을

한다. 마침내 독일의 마이센 가마에서 자기 개발에 대한 열매를 맺게 된다. 점차 유럽 각국은 시누아즈리 열풍만을 좇지 않고 모방과 더불어 독창적인 문양과 형체의 자기를 만들며 도자기 역사의 주체가 된다. 중국과 일본 자기 기술의 바탕 위에 이미 스테인드글라스나 에나멜 공예를 통해 얻은 발색의 비법을 더하며 유럽의 도자기는 빠르게 성장하게 된다. 17~18세기 유럽에서 유행했던 중국스타일의 가구나 의상 도자기 등을 모방하는 시누아즈리 유행풍조는 서서히 매력을 잃게 된다.

유럽 최초의 자기, 마이센(Meissen)

중국의 자기가 유럽에 들어오자 유럽의 왕실과 귀족들은 '동양에서 온 하얀 금'이라 부르며 그 매력에 깊이 빠졌다. 당시 유럽 도공들의 꿈은 중국식 자기 개발이었다. 그 꿈을 이루기 위해 이탈리아의 메디치 포슬린을 비롯하여 유럽 각지에서는 다양한 시도가 행해졌다. 자기 제조의 비법을 연구하던 중, 고령토의 배합이 자기를 만드는 데 중요한 요소라는 것을 알게 되었다. 그리하여 마침내 1709년 독일 작센 공국의 드레스덴 교외에 위치한 마이센 가마에서 중국식 자기 제조 비법을 밝혀내게 된다.

당시 독일 작센의 선제후 아우구스투스 2세는 군자금이 필요했다. 처음에는 연금술사 뵈트거Böttger를 가두어 황금을 만들도록 했다. 거듭된 실패로 화학 조합만으로는 금을 만들 수 없다는 것을 깨닫자 아우구스투스 2세는 자기를 개발하도록 명령하였다. 중국 자기는 당시 유행이었던 시누아즈리 붐 속에서 황금과 맞먹는 가치를 가지고 있었다.

뵈트거는 동료와 함께 자기를 개발하는 데 전념한 결과 붉은 자기를 만들어내었고, 뒤이어 흰색 자기를 굽는 데 성공했다. 부딪히면 맑고 투명한 소리를 내는 자기가 마이센에서 유럽 최초의 백자로 탄생하면서, 유럽에서도 드디어 자기의 시대가 열렸다. 하지만 창살 없는 감옥과도 같은 자기 제조실에서의 생활은 그의 생을 비극적으로 마감케 했다. 뵈트거를 잃은 후 해롤트Gregorius Hoeroldt와 켄들러Johann Joachim Kaendler에 의해 마이센 자기는 예술품으로 가치를 높인다. 헤롤트는 회화적 요소를, 켄들러는 조각적 요소를 자기에 표현하며 마이센의 이름으로 유럽 왕실과 귀족들을 기쁘게 하였다. 이들은 초반에는 오리엔탈 디자인 즉 중국의 징더전 자기와 일본의 이마리 도자기 디자인을 모방했지만 점차 당시 유행한 문양과 형태를 자기 속에 가미해 마이센 특유의 개성을 자기에 담으며 18세기 중엽까지 독보적 전성기를 누렸다.

빈에서는 마이센의 크리스토퍼 훙거와 슈탈처를 스카우트하여 자기 굽는 데 도전한다. 빈의 도공들은 그들의 자기 제조 과정을 지켜보면서 자기 제조법을 알아내어 자기를 생산하게 된다. 그리하여 마이센이 자기를 제작한 지 약 반세기 만에 빈, 프랑스, 영국 등 유럽 전역으로 자기 제작 기법이 급속히 확산되었으며, 경쟁적으로 자기를 생산하게 되었다.

중국산 자기 마니아인 아우구스투스 2세와 연금술사 뵈트거가 요절할 만큼 고생하여 화려하게 탄생시킨 마이센의 자기는 유럽 각국의 왕실을 크게 자극하여 중국에서 유럽으로 도자기 중심을 바꾼 발판을 만들어 주었다. 마이센 자기는 유럽 도자기의 역사라 할 수 있다.

유럽 다기의 명가 – 세브르와 웨지우드

세브르(Sèvres porcelain)

프랑스의 대표적인 자기라 할 수 있는 세브르는 마담 퐁파두르Pompadour와 루이왕조에 의해 화려하게 꽃피었다. 루이 15세의 연인인 마담 퐁파두르는 예술품을 사랑했던 감성적인 여인이었다. 그녀는 연질자기 파이앙스를 생산하는 뱅센Vincennes 가마를 자기 집과 가까운 세브르로 옮길 것을 부탁하였다. 그녀는 세브르에 자주 찾아가 독려하면서 연구개발 비용을 전폭적으로 지원하였고, 보다 나은 가마를 만들기 위해 1759년엔 왕실 직속 가마를 만들었다.

도기에 주석을 함유한 파이앙스Faience 도기는 프랑스가 세계적인 명성을 얻게 만든 도자기였으나 리모주Limoges 부근의 오트비엔 지방에서 고령토층이 발견되면서 새로운 전환점을 맞이하게 된다. 고령토가 발견되면서 세브르는 파이앙스가 아닌 진짜 자기 개발이 급진전된다. 초기에는 마이센을 모방하다 곧 그 수준을 뛰어넘어 로코코풍의 화려한 자기를 빚는다.

세브르 자기는 테이블 웨어뿐만 아니라 실내장식으로 큰 위치를 차지하게 된다.

웨지우드(Wedgwood)

웨지우드는 도자기를 예술의 차원으로 높인, 영국을 대표하는 도자기 회사이다. '영국 도공의 아버지'로 불리우는 조시아 웨지우드Josiah Wedgwood는 도예기술을 가르쳐준 큰형이 죽자 토마스 월던의 제자가 되어 도자기에 관한 고급기술을 배운다. 그 후 독립하여 도자기 회사를 세우며, 고급 도자기제품을 공장생산과 연결시킨 최초의 기업인이다.

그의 찬란한 생은 여기부터 시작된다. 웨지우드는 전사법(transfer printing)을 이용한 유백색의 크림웨어를 조지 3세의 샬롯왕비로부터 주문받았다. 샬롯왕비는 아름답고 우아한 다기 셋트를 보고, 크게 만족하여 '여왕의 자기(potter to her majesty)'라는 명칭을 허락하여, '퀸즈 웨어queen's ware'가 시작되었다. 뒤이어 '에트루스칸etruscan'이라 불리우는 화병, 블랙 버설트(검은 현무암)의 제작에 성공한다. 1760년으로 접어들면서 폼페이 유적지가 발굴된 데에 자극을 받은 웨지우드는 폼페이의 고전으로부터 모티브를 얻어 그리스·로마신화의 이미지를 무광택의 백색문양으로 장식한 웨지우드의 상징인 재스퍼jasper를 개발한다. 독창적이고 아름다운 그의 작품은 도자기 예술의 한 차원을 넓힌 계기가 되었다. 그 후에도 다양한 창작품을 만들어내며 인기를 얻었다. 또한 어린이를 위해 비트릭스 포터

Beatrix Potter의 이야기를 바탕으로 제작한 토끼 디자인의 다기 세트는 지금까지도 많은 사랑을 받으며 티타임 때 어린이들을 즐겁게 해준다.

웨지우드사는 독창적인 분위기로 최고의 예술을 지향하며 모든 그릇들을 창작했다. 그럼에도 감상을 위한 미술품이 아닌 창업자의 뜻을 이어 받아 즐거운 식사시간이나 티타임을 위한 아름다우면서도 튼튼한 그릇을 만들고자 노력하고 있는 영국 최고의 도자기 명문이다.

도자기와 차

자기 본연의 아름다움을 지니고 있으면서 차의 맛과 향, 색을 지켜주며 보온성이 뛰어나야 이상적인 다기로 인정받는다. 유럽에서 처음으로 다기를 제작했을 때에는 중국 다기에서 아이디어를 얻었지만 점차 그들의 사고와 생활습관에 맞게 나름의 스타일과 화려한 장식을 한 새로운 다기를 창작했다.

차가 런던에 도착하기 훨씬 이전부터 중국과 일본에서 도자기는 수입되었다. 새로운 기호식품인 차에 대한 관심이 커질수록 동인도회사는 다기들에 대한 수요를 맞추느라 노력하였다. 당시에는 자기를 생산할 수 있는 가마가 유럽에 없어 '중국의 도자기(china)'에 많은 사람들이 열광하였다.

차가 유행하자, 다기시장의 잠재력을 파악한 유럽의 도자기 회사들은 중국 다기를 모방하기 시작했다. 당시 영국인의 티

테이블에서 청화백자青華白磁를 모방한 델프트도기(Delftware)
도 쉽게 볼 수 있었다. 이 도기들은 인물, 바다, 새, 꽃, 곤충
등으로 디자인한 중국풍을 모방해 만들었다.

수요에 맞춰 유럽의 도공들은 석기와 도기 등으로 다기를
생산했으나, 18세기 중엽까지는 중국과 일본 자기의 품질과
미적 감각을 따라가지 못했다. 부유층들은 은제 도구를 대안
으로 선택하거나 아니면 여전히 값비싼 동양의 다기를 선호했
다. 특정한 다기와 장식 그리고 가문의 문장 등 특정 디자인을
지정하여 중국에 주문하기도 하였다.

중국과 일본에서 도자기 수입은 계속되면서 마이센을 비롯
하여 세브르, 빈, 스톡 온 트렌트 등의 도요지에서 점차 다양
한 종류의 자기로 만든 다기를 생산하기 시작했다. 우아하고
아름다운 다기로 차를 마시는 것은 자신의 기품을 표현할 수
있는 기회라고 영국의 부유층들은 생각했다. 18세기 중반이
넘어서면서 많은 사람들이 차를 즐겼다. 일반 가정에서는 비
싼 다기를 모두 갖출 수 없어 티파티를 할 때엔 각자 자기 다
기를 가져와 즐거운 자리를 마련하곤 했다.

19세기 들어 찻값이 하락하자 다관과 탕관의 크기가 커졌
다. 중국풍의 다관이 아닌 새로운 스타일의 다관과 홍차에 어
울리는 찻잔이 만들어졌다. 또한 다기세트와 아침식사세트를
만들기 시작했다. 기업가들의 자유경쟁 속에서 시작된 민턴
Minton, 로얄 우스터Royal Worcester, 로얄 크라운 더비Royal Crown
Derby, 웨지우드Wedgwood, 스포드Spode, 첼시Chelsea 등 영국의

도자기회사들은 본차이나 다기를 생산하기 시작했다. 국민음료가 된 차 덕분에 대부분의 가정에서 차세트는 필수품이 되었다. 당시 유행에 발맞춰 다기가 만들어졌으며, 과감한 디자인과 생동감있는 색채의 다기는 큰 성공을 거둔다.

차와 광고

토머스 개러웨이의 차 홍보전략

차에 관련되어 특히 유명한 커피하우스는 '개러웨이스Garr-away's'다. 1657년 런던의 담배상이자 커피하우스의 주인인 토머스 개러웨이Thomas Garraway가 자신의 가게 개러웨이스에서 찻잎을 판매하면서 가게에서 차를 마시게 한 것이 시작이라 한다. 런던의 롬버드가와 콘힐가 사이의 익스체인지길 모퉁이에 위치한 개러웨이스에서 판매한 차는 질병의 예방과 치료에 효과가 좋다는 소문이 널리 알려져 성황을 이루었다. 개러웨이는 1660년 비싼 찻값에도 불구하고 차 판매고를 더욱 높일 계획으로 건물의 한 쪽 벽면에 차의 효용을 적은 포스터를 인

쇄해 붙이고 차의 건강증진효과와 유용성에 대해 홍보한다. '찻잎의 성장, 품질, 효용에 대한 정확한 설명'이라는 광고에 서는 앞부분에는 차나무와 차 재배지, 종류, 품질 등을 설명했 으며 뒷부분에는 찻잎의 효능에 대해 설명하며 효험이 있는 질병증세에 대해 언급하고 있다. 다음은 그 광고의 내용이다.

찻잎의 성장, 품질, 효용에 대한 정확한 설명

토머스 개러웨이, 런던 주식거래소 옆 익스체인지길, 담배 · 차 · 커피 상인

차는 중국에서 수입합니다. 찻나무는 중국에서 자라는 작은 관목으로 가지에 노란 수술이 있는 하얀 꽃이 핍니다. 들장미 꽃과 모양과 크기는 비슷하나 향은 다릅니다. 찻잎은 연한 녹 색으로 밝기가 스코디엄, 은매화, 수맥 등과 비슷합니다. 찻나 무는 야생에서 자란다고 알려져 있으나 이는 맞지 않습니다. 중국인들은 집 앞의 정원에서 차를 재배합니다. 찻나무는 4피 트 정도 자라며, 씨를 받아 계속 재배합니다. 차는 중국 산시성 (山西省), 난징(南京)지방의 서쪽 북위 36도 경계지역, 루체우 지역, 러드로운 군도Ladrone Islands(서태평양 마리아나 군도), 일본 등에서 재배됩니다. 이 지방 사람들은 '차Cha'라고 부릅니 다. 차는 종류와 품질이 다양합니다. (형태는 동일합니다.) 차는 가지 위쪽에 달린 잎이 일반적으로 가장 품질이 좋습니다. 매

일 찻잎을 따서, 응달이나 철판에 약한 불을 지펴서 건조시켜 수분을 제거합니다. 그리고는 납으로 만든 단지에 차곡차곡 쌓아 보관합니다. 차는 식사할 때나, 손님 접대 시, 가족의 여가 시간에 왕실에서 음용합니다. 일본에서 태어난 마카오의 한 신부는 다원에서 일할 운명을 타고난 처녀가 채다한 것만이 최고의 차가 될 수 있다고 말합니다. 처녀는 생리기간이 아니어야 하며, 종자가 좋은 차나무를 직접 재배해서 여린 싹을 채다하여 최상의 상태로 보관하여 제공해야 한다고 합니다.

고대의 유물, 지식, 지혜의 보고로 유명한 중국에서는, 찻잎의 효능이 크기 때문에 차를 2배 무게의 은과 교환했습니다. 많은 국가의 학자들이 차의 본질에 대해서 연구한 결과, 최고의 평가를 내렸습니다. 또한 상상할 수 있는 모든 시험과 실험을 행하고, 여러 국가에서 사용해 본 결과, 다음과 같은 장점과 효능을 발견했습니다.

여름이나 겨울이나 약간 뜨겁게 해서 마시는 것이 가장 좋으며, 늙을 때까지 완벽한 건강을 지켜주는 완전음료입니다. 특별한 효용은 다음과 같습니다.

・몸을 활기 있고 튼튼하게 해줍니다. 두통, 현기증, 나른함을 치료해 줍니다.

· 우울증 장애를 치료해 줍니다.

· 설탕 대신 암벌의 꿀과 함께 복용하면 신장과 요도를 세척해서 결석을 막아줍니다.

· 호흡장애를 제거해 줍니다.

· 안구 흐림과 건조 증상을 완화시키고 눈을 맑게 해 줍니다.

· 피로를 풀어주고, 지친 간과 혼탁한 체액을 세척하고 정화시켜줍니다.

· 마음을 안정시켜주고, 심장과 위를 튼튼하게 하여 식욕을 돋게 하고, 소화를 촉진합니다. 특히 육식을 많이 해서 비만한 남성의 몸에 좋습니다.

· 악몽을 없애주고, 심기를 편안하게 하고, 기억력을 강화시켜 줍니다.

· 과도한 수면을 막아주고, 졸음을 방지해 줍니다. 한 모금만 마셔도 신체를 손상하지 않으면서, 적절하게 위의 입구를 치료하고 막아주기 때문에 어려움 없이 온 밤을 새워서 공부하면서 보낼 수 있습니다.

· 찻잎이 부드럽게 우려지고 기공으로 숨을 쉬기 때문에, 차를 조금만 마셔도 놀라울 만큼 오한과 열을 방지하고 치료해줍니다.

· (우유와 함께 마시면) 내장기관을 튼튼하게 해주며, 소진되는 것을 방지해 줍니다. 변비의 통증을 강력하게 완화시켜주며, 장을 튼튼하게 해주고 설사를 잡아줍니다.

> ・감기, 부종, 비듬에 좋으며, 적절히 잘 우려서 사용하면 땀과 소변에 젖은 몸을 깨끗하게 해주고 감염을 막아줍니다.
> ・가스로 인한 모든 복통을 없애주고, 쓸개를 안전하게 정화시켜줍니다.

이상의 내용은 대부분 현대의학에서 밝힌 차의 효용과 일치한다.

립튼의 차이야기

토머스 립튼Thomas Lipton(1850~1931)은 감자 기근 때 아일랜드에서 영국의 글래스고로 이사 온 식료품상의 아들로 태어났다. 자립심이 강한 그는 열다섯 살 때 청운의 꿈을 안고 미국에 가, 많은 경험을 하며 장사하는 법을 배웠다. 립튼은 수백 파운드의 돈과 밀가루 한 포대, 그리고 어머니께 드릴 안락의자를 가지고 부모님이 계시는 글래스고로 돌아온 후, 부모님의 식료품점에서 미국에서 배운 광고를 활용하며 잠시 일을 도왔다.

1871년 그는 아버지로부터 독립해 글래스고에 작은 식료품 가게를 열었다. 미국에서 배운 광고기법을 사업에 적용하며 열심히 일한 결과 개업 3년 만에 지점을 낼 수 있었다. 그는 자신의 가게 진열장 두 곳에 물체가 달리 보이는 거울을 두었다. 첫 번째 거울은 여윈 모습으로 보이는 거울을 걸어두며 '립튼 식품점에 들어오기 전 모습'이라는 설명을 붙였다. 그리고 형체가 통통하게 보이는 두 번째 거울에는 '립튼 식품점에서 나가는 모습'이란 글을 붙여두었다. 이와 같은 기발한 광고로 글래스고의 주민들은 식료품점 '립튼'을 알게 되었다. 식료품점 점원을 채용하는 광고에서도 그의 능력은 발휘되었다. "나는 지금 세계 최고의 베이컨을 판매하는 립튼의 상점에 간다." 광고의 귀재답게 립튼은 견실한 경영방침과 새로운 광고들을 계속해서 고안해내며 그의 사업을 날로 발전시켜 10여 년이 지나자 립튼의 상점은 20여 개로 불어났다.

19세기 후반에 들어서면 홍차는 영국인의 필수음료가 되었다. 아샘차가 런던 경매장에 등장한 이후 인도에 새로운 플랜테이션이 들어서기 시작했다. 많은 체인점을 두고 있는 립튼에게 차 도매상들은 자신의 차를 취급해 달라는 의뢰를 하게 되었고, 립튼은 차 도매상을 본격적으로 시작했다. 그 무렵 실론의 대규모 커피농장에 병충해가 발생하여 폐허가 되어버린다. 실론의 커피농장을 차밭으로 재개발하면 어떻겠냐는 제의를 받고 새로운 도전을 위해 콜롬보에 간 그는 땅값이 너무 싸 서둘러 토지를 구입해 차를 재배하게 된다. 그의 기발한 마케팅은 차 사업에서도 유감없이 발휘되었다. 아샘종의 찻나무를 심어 재배한 그는 '다원茶園에서 바로 다관茶罐으로(Direct from the garden to the teapot)'라는 슬로건을 내걸고 광고하며 본

립튼의 차광고

격적인 차 사업에 뛰어들었다.

그 당시만 해도 런던의 차상들은 서민들이 손쉽게 살 수 있
는 적은 양의 차는 판매하지 않았다. 이에 힌트를 얻은 립튼은
여러 단위로 포장해 판매하는 포장판매 방식을 채택했다. 그
리고 파격적인 가격 인하와 원주민 아가씨의 사진을 실은 세
련된 포장 그리고 기발한 광고전략으로 다른 경쟁사들보다 한
발씩 앞서 나갔다.

립튼은 1890년대에 자신의 300개 체인점에 실론차를 소개
했으며, 1893년에는 시카고 세계박람회에서 최고 품질의 차로
선정되며 차의 거상이 된다. 립튼은 차 사업에 뛰어난 사업수
완을 발휘하여 백만장자 식료품상에서 억만장자 차상이 되었
다. 그는 차상으로서는 처음으로 기사 작위를 수여받고, 이어

준남작이 되어 영국의 귀족반열에 오르게 되었다.

트와이닝사와 브룩본드사

트와이닝사(Twinng)

18세기 초반 차에 대한 관심이 날로 커지자 차 상인들과 차를 제공하는 커피하우스가 증가하였다. 그리고 식품점이나 잡화점에서도 차가 판매되었다. 그 즈음인 1706년, 토머스 트와이닝이 스트랜드에 톰스 커피하우스Tom's Coffee House를 개업한 데서 트와이닝의 역사가 시작된다. 이미 많은 커피하우스가 난립하고 있는 도시로 들어오는 길목에 위치한 스트랜드 지역은 영국 법학원이 인접해 있고, 귀족과 사업가들이 많이 살고 있어 가게 입지가 좋았다. 트와이닝의 커피하우스에서 파는 음료 중 차 판매량이 빠르게 증가하였다. 손님들의 수요를 맞추기 위해 1717년 차를 판매하기 위한 두 번째 가게, 골든 라이언Golden Lyon이 개점하였다. 그곳에서는 차뿐만 아니라 다양한 종류의 음료와 담배, 오렌지 등도 취급하였다.

골든 라이언은 신사계층뿐 아니라 최초로 여성고객의 입장을 허용한 커피하우스였다. 커피하우스에 들어갈 수 없었던 그 시대의 여자들은 집에서 사용할 찻잎을 사기 위해 남편이나 남자하인을 커피하우스로 보냈다. 하지만 골든 라이언이 개점된 이후에는 여자들이 직접 커피하우스에 들어가 자신이 좋아하는 차를 사거나 그곳에서 파는 여러 차를 직접 배합해서 구입하곤 했다.

커피하우스에서 남녀평등을 실현시킨 트와이닝의 철학은 최상급 차만을 고집해 상류층과 부유층 고객에게 인정을 받았다. 트와이닝은 빅토리아여왕이 왕위에 오른 첫해 칙허를 받은 이후, 역대 왕실로부터 왕실에 납품할 수 있는 영예를 안게 되었다. 18세기 이후부터 90여 개국에 차를 수출한 공로를 인정받아 엘리자베스여왕에게 수출산업장려상을 받기도 했다. 트와이닝은 280여 년간 같은 장소에서 창시자 토마스 트와이닝의 직계자손에 의해 가업을 이어오며 영국의 차와 커피의 역사와 함께하고 있다.

브룩본드사(Brooke Bond)

19세기 중반 이후, 차 판매가 빠르게 증가하고 단골고객이 많아지자, 차 상인들은 독창적이고 기발한 슬로건과 감각적인 광고의 중요성을 느끼게 되었다. 차도매상을 경영하던 아버지로부터 독립한 아더 브룩은 1869년에 맨체스터에서 차와 커피, 설탕 등을 취급하는 브룩본드 소매상을 차렸다. 차의 품질과 가격의 고르지 않았던 당시 브룩은 여러 차를 배합하여 늘 동일한 품질과 가격을 유지하였다. 또한 '브룩본드Brooke Bond'라고 상표를 붙인 배송차를 이용한 직접판매로 소비자들의 열렬한 호응을 받았다.

브룩본드사는 찻잎 무게와 포장지의 무게를 더해서 중량을 계산했던 당시 다른 상품과의 차별화를 강조하기 위해 '포장지 무게를 뺀 중량(Full weight without paper)'이라는 슬로건을 내세웠다. 차를 포장 판매한 중량이 정확하다는 공공 캠페인과 함께 판촉물을 전시하며 무료 시음회를 갖는 등 차 홍보를 왕성하게 했다. 잠시 슬럼프도 있었지만 값싸고 품질이 좋으면서, 상품 속에 있는 스티커를 정해진 양만큼 모아 회사에 보내면 소정의 선물이나 일정한 금액을 주는 적립금 차(dividend tea)를 시장에 내놓으면서 판매량이 증가하여 당시 영국에서 브룩본드티 하면 홍차의 대명사가 될 만큼 대단했다.

건강이 점차 부각되자 브룩본드사는 이미지를 '건강'에 두고 광고했다. 소화가 잘 된다는 의미의 'Pre-Gest-Tee'를 줄인 'PG 팁스(PG tips)'는 브룩본드사에서 생산한 브랜드 중 대표적인 것으로 오늘날에도 그 자리를 지키고 있다.

차의 완상법

티타임

브랙퍼스트 티(Breakfast tea)

차와 티테이블을 중심으로 한 동양적 취미의 유행은 영국인의 사회생활, 특히 식사문화에 커다란 변화를 가져왔다. 그 대표적인 변화가 아침식사와 함께 차를 마시는 관행이 자리잡은 것이다. 브랙퍼스트 티는 육체와 정신을 깨워주며, 상쾌한 하루를 열어주는 티타임이다. 우유를 듬뿍 넣은 따끈한 밀크티는 식사메뉴로 자리하며 브랙퍼스트 티타임에 잘 어울리는 티가 되었다.

찰스 2세(재위 1660~1685)와 결혼한 포르투갈의 공주 캐더린은 이전의 알코올음료를 대신하여 비주류음료非酒類飲料인 차를 새롭게 유행시켰다. 메리여왕(재위 1689~1694)도 네덜란드에서 동양의 자기를 수집했던 취미생활과 함께 중국에서 수입한 차를 즐겼으며, 메리여왕의 뒤를 이은 앤여왕(재위 1702~1714) 역시 차를 즐겼다.

차 마시는 풍습은 점차 확산되어 18세기 초가 되면 차가 상류층의 가정음료로 자리한다. 육류, 생선, 알코올음료를 아침식사로 먹었던 영국인들은 이 시기가 되자 빵, 토스트와 차·커피·초콜릿이 담긴 티포트(다관)를 준비하였다.

18세기에 들어서면서 세금을 피해 들어오는 밀수차와 위조차의 양이 많아서 부유층뿐만 아니라 가난한 사람들도 정기적으로 차를 마실 수 있게 되었다. 극빈층을 제외하고는 아침식사에 차가 놓이게 되었다. 이처럼 점차 영국인의 생활 속에 차가 스며들어 국민음료로 보급되는 18세기 중엽에 이르자 차의 효능과 사회·경제적 영향에 대한 논쟁이 시작되었다. 18세기 말엽이 되면 차는 점차 영국 국민의 일상생활의 필수품으로 자리하게 된다.

18세기 초엽만 해도 차는 영국 상류층의 생활에는 변화를 주었지만 다른 계층의 삶의 형태에는 큰 영향을 주지 못했다. 대부분의 가정에서는 아침식사에 차보다는 알코올음료를 마시는 것이 일반적이었다. 시간이 흐르면서 극빈층을 제외하고는 아침식사의 중심음료가 맥주, 에일, 와인 등의 알코올음료에서 차로 바뀌면서 빵, 토스트 등과 함께 차가 담긴 티포트가 자리하였다.

19세기에 이르자 차는 상류층의 사치품에서 일상생활의 필수품으로 자리하게 되며, 산업혁명시대 영국인들의 생활필수품이 되었다. 19세기 초반까지도 부유층 사람들의 아침식사시간은 10시 전후였다. 하지만 산업화가 진전되면서 아침 일찍 출근하는 남자들이 충분히 식사를 하고 갈 수 있도록 대부분의 가정에서는 아침식사시간이 앞당겨졌다.

부유층의 아침식사는 다른 유럽 국가의 저녁식사처럼 양이 많은 풍족한 시간이었다. 아침식사 메뉴에 차가 자리하게 되면서 그 형식도 점차 간단해져 간다.

빅토리아시대의 가난한 가정에서는 하루 종일 열심히 일을 해도 주린 배를 충분히 채울 수 없었다. 또한 출퇴근을 하는 공장제도가 확산되면서 시간을 엄격히 지키도록 요구되었다. 그 결과, 아침식사는 간단히 준비할 수 있으면서도 바로 기운을 차릴 수 있는 메뉴가 필요했다. 나아가 산업혁명시대 노동자 가족들은 대부분 집 밖에서 각자의 직장을 가지게 되었다. 가족 모두가 출근해야 되기 때문에 오랜 시간을 들여 아침식사 준비를 할 만한 여유는 사라졌다. 이러한 도시 노동자들의 생활 조건에 가장 적합했던 것이 차와 가게에서 산 빵과 포리지porridge(오트밀에 우유 또는 물을 넣어 만든 죽), 감자로 이루어진 아침식사이다. 빈민의 음식이었던 감자와 포리지, 차와 설탕이 결합하면서 근대 영국 서민의 아침식사의 형식이 자리를 잡았다.

찰스 디킨스Charles Dickens의 소설에는 가난한 사람들이 많이 등장한다. 부유층의 풍족한 아침식탁과 현저하게 대비되는 모습이다. 초라한 숙소에서 가난과 마주하면서 사는 사람들은 아주 적은 돈으로 살 수 있었던 차와 빵으로서 허기를 채웠으며, 차가운 식사를 따뜻한 식사로 만들어주며 얼어붙은 마음을 데웠다. 차의 음용은 이제 사치스런 식사가 아니라 더 이상 물러날 수 없는 최소한의 것이었다. 찰스 디킨스의 『데이비드 카퍼필드David Copperfield』에는 19세기의 아침식사 풍경이 그려져 있다.

머드스톤 양은 마치 군대의 장례식 행진처럼, 도라의 어깨를 감싸고 당당하게 아침식사를 하러 걸어갔다.
'도라가 차를 만들어 주어서 차를 몇 잔 마셨는지 나도 모르겠어. 하지만 내 온 신경이, 그게 있었는지도 모르겠지만, 마비될 때까지 계속 마셨다는 것만은 확실히 기억하지.'

이제 영국인의 아침식사에 있어서 차는 정찬과 간단하게 먹을 때를 가리지 않고 늘 함께하는 메뉴이다. 간단한 아침식사 메뉴인 베이컨과 스크램블 에그, 소시지와 달걀 프라이, 도넛, 팬케이크 등과 함께 먹을 때 대체로 밀크티가 있으며, 정식 코스로 아침을 먹을 때 역시 차를 곁들어 먹으며 상쾌한 하루를 맞이한다.

티 브레이크(Tea break)

산업혁명이 시작할 때 즈음 농장의 인부들이 마시는 음료는 주로 알코올음료였다. 1878년 농장주인인 가랜드T. Bland Garland는 농장의 인부들이 뜨거운 태양 아래서 맥주로 목을 축이며 힘든 작업을 하는 것을 보고는 맥주 지급을 멈추는 대신 인부들에게 임금을 인상해 주었다. 또한 퇴근 후, 선술집에 가는 것을 막기 위해 아침 출근시간부터 퇴근할 때까지 좋은 차를 무제한 공급했다. 이후 성과가 무척 좋았다. 가랜드는 농장 인부들의 작업능률이 오르자 다른 농장주들에게도 이러한 방법을 권했다. 가랜드의 선례에 따라 술을 금하고 차를 제공한 농장은 작업능률이 훨씬 올랐다. 가랜드의 기발한 착상은 빠르게 번져 전국의 모든 노동자들이 작업장에서 차를 마시게 되었으며, 차는 최고의 일상음료가 되었다.

19세기의 차 휴식시간(tea break)은 사라지지 않고 계속되어 직장생활에서의 중요한 휴식시간으로 자리 잡았다. 1914년의 한 기록을 보면, 약제상에서 일하는 14세 소녀에게 티 브레이크 시간이 되면 빵 세 조각과 작은 다관 가득히 차를 주었으며, 저택의 하인들은 하인들의 거실, 집사의 집기실, 가정부의 방 등에서 차를 마시며 잠시 휴식을 취했다고 한다.

티 브레이크가 정착된 20세기에는 직장에서 차를 준비하는 것은 종업원들을 위한 최우선의 복지정책으로 인식될 정도였다. 근무시간 중 오전과 오후에 티 브레이크를 잠시 갖는 것은 근로자의 건강뿐만 아니라 생산성 향상에 도움이 되어 고용주

작업장에서의 티 브레이크

들도 큰 이익을 얻었다. 1938년 한 조사에 따르면 오전의 휴식시간인 '일레븐시즈elevenses'에는 50% 이상의 국민이 차를 마신다는 결과가 나왔다. 20세기 중반 무렵이 되면 많은 공장에 직원휴게실을 두어 차와 간식을 충분히 제공해 주었다. 이로 인해 제2차 세계대전 동안의 힘든 작업시간을 이겨낼 수 있었다.

직원 휴게실을 두어 그곳에 차와 간식을 준비해 놓고 근로자들이 티 브레이크를 갖기도 했지만, 티 브레이크 시간이 되면 대형 차보온주전자를 손수레로 끌고 사무실 복도와 작업장을 다니며 차를 제공해주는 '티 레이디Tea lady'를 두기도 했다. 노동자들은 편안하게 차를 마실 수 있으면서, 질서도 유지되어 1950~1960년대 공장과 사무실에서는 흔히 볼 수 있는 풍경이었다.

1960년대에 들어서자 자동판매기의 등장으로 서서히 티 레이디는 작업장에서 사라지게 된다. 차를 제대로 우려낼 수 없는 자판기에서는 커피나 핫-초콜릿을 판매했고, 사무실 간이 부엌에서는 탕관으로 차를 우리거나 티백을 두어 차를 마실 수 있도록 했다. 그 후 차 역시 캔으로 시판되면서 간편하게 티 브레이크 타임을 즐겼다. 지금도 티 브레이크는 많은 공공기관이나 회사에서 행해지고 있다.

애프터눈 티(Afternoon tea)

점심과 저녁 사이인 오후 4-5시 무렵 스콘scone, 케이크 등의 티 푸드와 함께 홍차를 마시며 사교의 시간, 생활의 여유를 추구하는 시간이 바로 애프터눈 티이다. 이제까지 알려진 바에 따르면, 오후의 차를 '발명'한 사람은 베드포드 7대 공작부인 안나 마리아(Anna Maria 7th Duchess of Bedford, 1788~1861)이다. 베드포드 공작부인은 점심과 저녁식사와의 간격이 너무 길어, 오후가 되면 기운이 빠지자, 하녀에게 다기세트와 빵과 버터를 쟁반에 담아 방으로 가져오라 하여 4-5시 무렵 간식과 함께 티타임을 즐겼다고 한다. 공작부인을 찾아온 손님들과 즐기는 사적이고 작은 티타임 습관은 어느 틈엔가 상류사회 부인들 사이에서 유행이 되어, 애프터눈 티는 영국인의 가장 즐거운 사교적인 행사로 뿌리를 내렸다.

내실이나 침실 옆 휴게실에서 가졌던 티타임은 빅토리아시대에 들어와서는 티가운을 입고 응접실이나 정원에서 이어졌

애프터눈 티

다. 애프터눈 티의 테이블 세팅을 보면 자수로 장식된 흰색 티테이블보 위에 놓인 티포트, 찻잔, 밀크저그, 슈가볼, 티 푸드 접시 등이 가지런히 놓여 있다. 스콘, 머핀, 비스킷 등 과자들과 향기로운 차를 마시며 반듯한 매너와 세련된 화제로 자연스레 연출한다.

빅토리아여왕의 시대가 막을 내릴 무렵인 19세기 말에서 20세기 초 즈음, 원래 음료를 마시며 휴식을 취하던 이 시간은 뜨거운 음식과 하인들이 둥그렇게 찻잔을 따르고 음악가가 연주하는 완전한 사교행사로 자리 잡으며 영국국민 모두가 즐기는 시간이 되었다. 에드워드시대가 되자 애프터눈 티타임의 시간은 좀더 늦추어졌다. 이처럼 애프터눈 티가 영국인의 관습으로 받아들여지면서 애프터눈 티를 가리키는 리틀 티Little Teas, 로우 티Low Teas, 핸디드 티Handed Teas 등 다른 이름이 많이 생겨났다.

제2차 세계대전 이후 사교와 여유로움의 상징인 애프터눈 티타임은 상당히 약화되었다. 현대인들은 한가한 오후를 즐기며, 혹은 만남의 즐거움을 갖는 사교의 시간, 애프터눈 티타임을 갖지 않은 채 바쁜 일상을 보낸다. 하지만 영국에서 티타임이 갖는 상징적이고 정서적인 지위에는 변함이 없다. 친구를 만나면 차를 마시며 정담을 나누고, 기쁘거나 슬플 때면 다관에 차를 우리며 감정을 가다듬는다. 애프터눈 티타임의 초대는 친밀한 우정의 표현이며, 처음 초대를 받았다면 그것은 바로 친구로서의 교제를 시작하자는 마음의 표현이다. 애프터눈 티타임에 자리한 모든 사람들은 매너를 지키며 즐거운 분위기를 위해 정성을 쏟는다. 애프터눈 티라는 기분 좋은 관습은 가족과 함께 할 때엔 마음에 행복한 휴식을 가져다주는 영국인의 가정취미를 잘 드러내는 시간이기도 하다. 애프터눈 티는 차를 즐길 뿐 아니라 차를 통해 생활의 여유와 즐거움을 향유하며 생활 속의 미를 추구하고 있다.

하이 티(High tea)

산업혁명시대의 노동계층 사람들에게 차는 이제 대체가 불가능한 음료가 되었다. 시간관리가 엄격했던 산업혁명시대의 노동자에게 준비하기가 쉽고 간단한 차는 얼어붙은 몸과 마음을 따뜻하게 데워주었고, 또한 배를 채워주었다. 바로 이 시기에 하이 티는 노동계층이나 중·하류층의 저녁식사에서 점진적으로 발전되었다고 볼 수 있다. 전형적인 노동계층은 직장에서 남편이 돌아오고, 아이들이 학교에서 돌아와 함께 할 수 있는 저녁시간에야 차를 마실 수 있었는데 차와 함께 하는 식사 메뉴는 집집마다 조금씩 달랐다. 애프터눈 티타임을 누리기 힘든 대신, 남편들이 일을 마치고 돌아오는 6시 즈음 찬 고기, 베이컨, 감자튀김, 집에서 구운 빵 등이 차려진 테이블 한 가운데에 강한 차를 가득 채운 큰 다관을 놓고, 하루를 마감하는 즐거운 식사를 하였다. 고기가 가장 중요한 역할을 해 고기차(meat tea) 혹은 훌륭한 차(great tea)로도 부르는 하이 티는, 광산이나 공장의 노동자들이 오랜 시간 고된 일을 끝내고, 주린 배와 마른 목으로 집에 돌아오자마자 원했던 저녁식사이다.

하이 티의 음용계층은 점차 확산되어 19세기 말엽에 이르러서는 이미 노동계층만의 식사가 아니게 되었다. 모든 계층이 자신들의 필요에 따라 변용한 하이 티를 즐겼다. 특히 젊은 이들은 테니스, 보트, 승마 등 여가활동을 하면서 먹을 수 있는 파티와 같은 이 시간을 좋아했다. 장거리 여행을 하다가 길가의 찻집(Tea room)에서 하이 티를 먹기도 하였다.

가정에서는 주로 주말에 하이 티를 즐겼는데 보통 하이 티 모임에서는 고기요리와 샐러드, 여러 종류의 케이크가 나오며, 때로는 과일이 나오기도 했다. 이러한 하이 티가 열리는 동안에는 계속 차가 제공되었다. 하인이 있는 가정에서는, 일요일에 하인들이 주인집의 저녁식사 준비를 걱정하지 않고 교회에 갈 수 있도록 일요일에 하이 티를 자주 열었다. 하지만 고기류의 무거운 음식과 달콤한 디저트와 차를 풍족하게 준비해야 했다. 하인들 역시 수프, 뜨거운 요리, 그리고 디저트와 강한 차를 풍족하게 즐기는 하이 티를 차려먹곤 했다.

일반 가정에서는 주로 일요일 오후에 하이 티를 즐겨 주부는 토요일 오전부터 일요일의 하이 티를 준비하기도 했다. 이처럼 점차 다과와 음식이 차려진 식탁에 둘러앉아 정담과 함께 웃고 즐기는 하이 티가 일반화 되었다.

애프터디너 티(After dinner tea)

저녁식사 후에 갖는 애프터디너 티는 자유로운 분위기의 여유롭고 편안한 시간이다. 하루 일과를 마치고 가족과 응접실에 모여앉아 휴식을 취하며 도란도란 이야기꽃을 피우거나 초대한 손님들과 저녁식사 후에 사교를 나누는 즐거운 시간이다.

애프터디너 티는 17세기 말엽 즈음에 상류층의 생활 속에 점차 자리하게 된다. 저녁을 먹고 난 후, 남자들은 식당에서 담배를 피우거나 술을 마셨다. 여자들은 저녁을 먹고 난 후, 그 자리를 피해 응접실이나 휴게실에 가서 바느질이나 독서를 하거나 가벼운 담소를 즐겼다. 그곳에 차가 등장하게 되었다.

18세기에 들어서도 상류층의 남자들은 여전히 저녁을 다 먹고 난 후에 식탁에 남아 담배를 피우고, 알코올음료를 마시는 것이 일반적이었다. 이 때 여자들이 옆방의 휴게실로 옮겨와 차를 마시며 이야기를 나눈 것이다. 간혹 남자들도 여자들이 차를 마시며 담소를 즐기는 곳에 와 차를 함께 마시기도 하였다.

19세기에도 여전히 차는 상류층 가정에서 저녁식사를 한 후, 응접실에서 마시는 음료였다. 제인 오스틴의 소설에서는 차 마시는 풍속에 대한 묘사가 종종 등장한다. 『센스 앤드 센서빌리티*Sense and Sensibility*』의 한 구절을 살펴보면, 엘리노는 미들턴부인의 사교모임에 참석해 루시와 대화하려고 노력한다.

> 엘리노가 정확히 예측한 것처럼 그 모임은 무미건조했다. 새로운 관점이나 아이디어는 하나도 없었다. 식당과 응접실에 있던 사람들과 이야기하는 것은 정말 재미없었다. (중략) 그 사람들은 차를 버리고 새로 우릴 때에만 말을 잠깐 멈추는 것 같았다.

날씨가 춥고, 저녁이 길어지는 계절이 되면 애프터디너 티타임은 더욱 중요한 시간이었다. 저녁을 먹은 후, 따뜻하게 연료를 피운 응접실에 모여 저녁시간을 즐겼다. 그곳에서 카드게임을 하거나 독서, 작은 음악회 혹은 가벼운 담소를 나누며 차를 음용하였다.

격식 있는 애프터디너 티타임에 손님을 초대할 때면 응접실에서 가장 좋은 도자기 티세트를 꺼내고, 토스트, 머핀, 케이크 등의 티푸드를 준비하였다.

애프터디너 티타임이 가족들만의 하루를 정리하는 시간이거나 가벼운 담소를 나누는 모임, 또는 정식 무도회, 음악회라 해도 대체로 티푸드와 함께 홍차가 나왔다.

조지 오웰의 좋은 차 마시는 열한 가지 방법

조지 오웰은 정치우화 『동물농장』과 미래소설 『1984년』으로 우리에게 친숙한 작가이다. 조지 오웰의 '좋은 차를 마시는 11가지 방법'은 차에 관한 자신의 생각을 담은 수필로 1946년 1월 12일자 「이브닝 스탠더드 _Evening Standard_」지에 기고한 것으로, 그가 추구하는 차에 대해 11가지로 요약 정리한 글이다.

첫째, 좋은 차 한 잔이라는 말은 바로 인도차나 실론차다. 중국차는 우유를 타지 않고 마셔도 된다는 경제적 장점이 있기는 하지만 그다지 매력적이지 않다.

둘째, 차는 한 번에 적은 양을 우려야 하며, 이를 위해서 반드시 도기나 자기로 된 다관(teapot)으로 차를 우려야 한다.

셋째, 다관은 미리 벽난로 위에 두어 예열을 해 놓아야 한다.

넷째, 차는 진해야 맛이 좋다. 다관 가득이 물을 부으면 약 1.4리터가 되는데, 여기에 6스푼의 차를 넣으면 적당하다.

다섯째, 다관 속에서 찻잎이 충분히 퍼져야 잘 우러나 차가 맛있다.

여섯째, 탕관(kettle)의 물이 불 위에서 끓고 있는 순간 바로 다관에 부어야 맛있는 차를 우려낼 수 있다.

일곱째, 차를 다 우린 후에는 저어주거나 잘 흔들어 주어서 찻잎이 충분히 풀어지도록 해야 한다.

여덟째, 차는 낮고 평평한 잔보다는 긴 원통형 잔으로 마셔야 식지 않고 마실 수 있다.

아홉째, 크림이 너무 많은 우유는 끈적끈적하니 크림을
제거한 우유를 차에 넣어야 한다.

열째, 찻잔에는 차를 우유보다 먼저 따라야 한다. 차를
먼저 따르고 잘 저으면서 우유를 따라야 정확한 양을 가늠
할 수 있기 때문이다.

열한째, 진정한 차 애호가라면 러시아 스타일로 차를 마
시지 않는 이상 설탕을 넣지 않고 마셔야 한다. 그래야 차
본연의 맛, 쓴맛을 음미하며 마실 수 있다.

이상의 내용은 차를 마시는 법에 관련된 여러 논쟁거리를
정리한 것일 뿐만 아니라 우리의 생활을 세련되게 해주는 방
법도 제시해 준다. 이외에도 차와 관련된 글들이 참으로 많으
므로 진정한 차의 애호가라면 세세하고 다양한 부분에 관심을
가져야 할 것이다.

이자벨라 비튼의 골든 룰(Golden rules)

영국의 식민지인 인도와 스리랑카에서 홍차가 생산되자 영
국인들은 더욱더 차를 가까이 할 수 있게 되었다. 인도와 스리
랑카에서 생산되는 홍차 역시 세계인의 음료가 되어가고 있었
다. 그러자 '홍차를 어떻게 하면 맛있게 우려낼 수 있을까'하
는 연구가 자연스레 뒤따랐다. 빅토리아시대를 대표하는 요리

전문가 이자벨라 비튼Isabella M. Beeton은 오랜 체험과 연구 끝에 그녀의 책 『가정서Mrs Beeton's Book of Household Management』에 '차 우리는 법(To Make Tea)'이라는 영국식 홍차를 내는 요령에 관한 규칙을 내놓게 된다.

골든 룰(Golden Rule)
1. 양질의 찻잎을 사용해야 한다.
2. 다관을 예열해야 한다.
3. 차의 분량을 정확히 측정해야 한다.
4. 신선한 물을 적절한 온도로 끓여 사용해야 한다.
5. 찻잎이 우러나는 시간을 정확히 맞추어야 한다.

찻잎으로 미래를 예언하는 방법

유럽에서는 오래전부터 우린 찻잎으로 미래를 점치는 놀이를 하였다. 유럽에서 유행하던 찻잎점을 보는 방법은 다음과 같다. 먼저 좋은 찻잔을 준비한다. 찻잔은 입구가 넓고 하얀색이면 좋다. 차는 품질 좋은 중국홍차가 가장 좋다. 품질이 좋지 않은 차로는 정확한 결과를 낼 수 없다. 티포트에 거름망을 넣지 않고 차를 우린다. 차를 찻잔에 따르고 찻잔을 시계반대 방향으로 세 번 돌린다. 차를 다 따르고 찻잔을 잔 받침 위에서 뒤집어 물이 한 방울도 남지 않게 한다. 이렇게 하면 찻잔 속에 남은 크고 작은 찻잎이 찻잔 밑과 찻잔 벽에 남아 일정한 형태와 패턴을 보이게 된다.

이제 이 형태와 패턴을 해석한다. 전체적인 형태와 세부적인 모양을 관찰하여 좋은 징조와 나쁜 징조를 해석해야 한다. 형태가 뚜렷이 나타나는 것이 약하게 나타나는 것보다 더 중요한 것이다. 찻잔 손잡이 쪽에 붙어있는 찻잎은 시간 요소를 결정한다. 찻잔 손잡이 왼쪽에 있는 찻잎은 과거의 일이나 아직 남아있는 일을 의미하며, 찻잔 손잡이 오른쪽에 있는 찻잎은 현재와 미래의 일을 의미한다. 찻잔 바닥까지 있는 찻잎의 길이도 물론 시간을 의미한다.

찻잔 바닥에 있는 찻잎은 아주 먼 미래의 일이나 오래 전의 일을 보여준다. 찻잎의 크기는 사건의 중대성과 그와 관련된 사람의 중요성을 나타내준다. 찻잎으로 점치는 일을 너무 자주 해서는 안 된다. 일주일에 한 번 정도가 적절하다. 너무 자주 하게 되면 서로 모순되는 결과를 보거나 잘못된 해석을 할 수가 있기 때문이다.

좋은 징조를 의미하는 형태는 다음과 같다 :
독수리, 백조, 말발굽, 빗자루, 코끼리, 달걀, 무화과, 과일, 대부분의 새, 특히 철새들.

나쁜 징조를 의미하는 형태는 다음과 같다 :
단검, 부엉이, 시계, 쥐.

그 밖의 형태의 의미는 다음과 같다:

─ 뛰는 개는 곧 오래된 좋은 친구를 만날 징조다. 이 형태가 찻잔 바닥에 있으면 친구가 어려움에 처해 있다는 뜻이다.

─ 사자는 매우 높은 관직을 의미한다. 특히 앞날에 대해 예측하기 힘든 상황일 때에는 더욱 그렇다.

─ 늑대는 시기하는 사람이 주위에 있음을 의미한다.

─ 찻잔 바닥 부근에 독수리 형태가 나타나면 잔인한 적이 위해를 가할 것이라는 것을 예고하는 것이다. 하지만 그 옆에 말발굽 형태가 있으면 그 적의 기도가 성공하지 못할 것임을 의미한다.

─ 꽃은 사랑과 존경을 의미한다.

─ 데이지 꽃은 단순, 절제, 자신감의 결여 등을 의미한다.

─ 배(과일)는 경제상황이 좋아짐을 의미한다.

─ 사과는 경제상황이 좋아지고 절약하는 것을 의미한다.

─ 비행기는 승진을 의미한다.

─ 닻은 성공을 의미한다. 특히 열쇠와 마찬가지로 사업의 성공을 의미한다.

─ 십자가는 어려움이나 역경을 의미한다.

─ 얼굴은 변화를 예고한다.

─ 열쇠는 사업의 성공을 의미한다.

─ 우산은 보호를 예고한다.

─ 반지는 결혼을 예언한다.

─ 배(선박)는 여행을 의미한다.

- 별은 행복한 미래를 암시한다.
- 삼각형은 상속을 의미한다. 또한 예기치 않은 여행을 의미한다.
- 날개는 중요한 메시지가 있음을 예언한다.
- 풍차는 힘든 노동을 예언한다.
- 원은 돈을 의미한다.
- 왕관은 영광을 의미한다.
- 하트 모양은 즐거움을 의미한다. 만약 두 개가 함께 있다면, 혹은 반지가 옆에 있다면 결혼을 의미한다.
- 태양은 엄청나게 큰 행운을 의미한다.

生活을 변화시킨 차

아이스티(Iced tea)와 티백(Tea bag)의 혁명

  17세기 초 뉴욕의 이름은 뉴암스테르담이었다. 뉴암스테르담의 네덜란드인들은 중국에서 차를 수입해 새로운 음료를 전했다. 1664년 영국이 네덜란드와의 전쟁에서 승리하면서 뉴암스테르담은 뉴욕으로 개명되었다. 동양의 차를 음용하는 음다습관은 뉴욕이 되어서도 계속되었다. 신대륙으로 이주해온 영국인 지주들은 늘 영국의 유행을 주시하면서 모방하며 영국인다운 생활을 하려 했다. 음다습관 역시 영국에서 유행하기 시작하자 더욱 차를 즐겼고, 음다장소인 커피하우스, 티가든 등 영국식 풍습은 물론 차에 관련된 도구 역시 그대로 전해졌다.

1773년, 영국의 차조례에 반대하여 일어난 '보스턴 차 사건 (Boston Tea Party)'이 도화선이 되어 독립전쟁이 시작되었고, 미국은 영국으로부터 독립하게 되었다. 그 후, 잠시 차 불매운동이 일어나 많은 사람들이 커피 등 다른 기호품을 찾았지만 차의 소비를 급감시키지는 못했다. 미국의 산업화로 인해 이주해온 라틴계 인구와 도시화의 영향, 가격이 싼 이점으로 인해 커피의 소비량이 증가하였다. 하지만 미국은 아이스티, 티백, 인스턴트 티 파우더를 세상에 내놓으며 전통적인 음다습관을 일변시켜 차 문화사에 새로운 장을 열었다. 1904년 무더운 여름날 미국의 세인트루이스에서 엑스포Expo가 개최되었다. 인도차생산자협회의 위탁을 받은 영국인 리처드 블레친든Richard Blechynden은 인도차를 보급하기 위해 진열대에서 차를 홍보하고 있었다. 그런데 날씨가 너무 더워 아무도 뜨거운 홍차에 관심을 갖지 않았다. 절망에 빠진 그 때 기발한 생각이 떠올랐다. 그것은 바로 찻잔에 얼음을 넣고 뜨거운 홍차를 부어 차갑게 만든 차였다. 무더운 여름날, 엑스포에 온 사람들은 이 시원한 음료를 마셔보고는 너무도 좋아했다. 이렇게 상품화된 아이스티는 엑스포의 히트상품이 될 정도로 호평을 얻어 이후 상품화되었다. 영국인들은 전통적으로 뜨거운 차가 갈증을 해소시켜준다고 알았으나 미국인들은 더운 날 찬 음료를 원했던 것이다. 아이스티는 그 후 미국인들이 '차'하면 아이스티를 생각할 정도로 대중적인 음료가 되었을 뿐 아니라 오늘날 전 세계인들이 즐겨 마시는 여름음료로 발전하게 되었다.

티백은 1908년 미국의 차수입상 토머스 설리번Thomas Sullivan
이 작은 비단주머니에 차 샘플을 넣어 고객에게 보냈던 것에서
시작되었다. 그는 비단주머니에 담긴 찻잎을 꺼내어 전통적인
방법으로 티포트에 우려 마시라고 고객에게 보냈던 것이었지
만 소비자들은 이것을 이해하지 못하고 작은 비단주머니를 티
포트 속에 넣어 우렸다. 차 찌꺼기 처리가 쉬운 편리함을 느낀
소비자들은 설리번에게 티백의 생산을 강하게 요구했다. 티백
의 시장성을 깨달은 설리번은 본격적인 티백 생산에 들어간다.
티백이 발명된 후, 졸라매는 끈이 있는 티백, 피라미드형 티백,
원형 티백 등 새로운 형태의 티백이 계속 생산되고 있다.

1920년 이후 대부분의 북미인들은 티백으로 차를 마셨지만.
영국의 차 애호가들은 처음에는 생경한 티백을 강하게 거부했
다. 현대 사회가 점점 복잡해지자 간편성이 키워드로 등장하
면서 영국인들도 점차 티백을 가까이 했다. 처음에는 미미했
던 차 시장 점유율이 수직상승하여 오늘날 영국에서도 차 소
비자의 약 85%가 티백으로 차를 우려 마신다. 정확한 차의 양
을 우릴 수 있고, 차 찌꺼기 처리가 쉽고, 많은 사람들에게 간
편하게 차를 대접할 수 있는 등의 장점이 부각되며 영국인들
의 음다습관을 바꾸어 놓았다.

음주와 차

17세기 새로운 음료인 커피, 차 그리고 초콜릿이 유럽의 식

단에서 확고한 자리를 잡기 전에 알코올은 우리가 오늘날 상상하기도 어려울 만큼 중요한 비중을 차지하고 있었다. 거의 전 영역에 걸쳐 기능을 수행했던 알코올은 유럽인의 삶 속에 녹아있었다. 술에 취하는 것을 지극히 당연하게 생각했으며, 이를 용인하지 않으면 오히려 비웃음을 사거나 배척당하는 분위기였다.

종교개혁기에 들자 이러한 음주관행에 비판이 제기되었다. 사람들의 이성을 마비시키며 변하게 만드는 '만취악마'를 금하기 위해 청도교적인 이데올로기를 심어줌과 동시에 알코올을 대체할 만한 새로운 음료를 찾았다. 이 때 등장한 새로운 음료가 바로 멀리 이국異國에서 온 커피, 차, 초콜릿이었다. 종교개혁가들은 차와 커피가 지나친 음주로 광란하는 마음을 이성으로 일깨워주고, 겸손한 태도를 되돌려주는 마술과 같은 음료이기를 바랐다. 차와 커피를 음용하여 새로운 사람으로 거듭나길 바랐다.

차와 커피가 등장하기 전, 영국의 모든 계층의 식사메뉴를 보면 알코올 특히 에일ale과 맥주가 있었다. 17세기 말경에 이르자 알코올의 대체음료와 건강음료로 차를 추천하는 사람들이 많아지면서 알코올의 역할은 조금씩 축소되었다. 서민층과 빈곤층에서는 여전히 알코올을 즐겼지만 대부분의 부유층은 점차 차를 즐기게 되었다. 새로운 음료인 차는 커피와 함께 식단에도 변화를 주었다. 상류층의 아침상에 알코올음료가 빠지고 차, 커피, 초콜릿을 담은 티포트가 다른 메뉴와 함께 올랐다. 알코올음료의 대안이 되기에는 찻값이 너무 비쌌지만, 차를 마시는 풍속이 계속 확산 보급되면서 알코올음료로 길들여진 영국인들을 조금씩 바꾸어갔다.

하지만 감리교단의 창시자 존 웨슬리John Wesley는 차가 소화불량을 악화시키고, 신경을 쇠약하게하며, 많은 비용이 들며, 중풍 증세를 유발한다고 비난하면서 런던 감리교단회의를 소집하여 차를 금지하는 운동을 시작해야 한다고 제안하였다. 그러던 존 웨슬리가 19세기에 이르자 금주운동의 핵심적이고 상징적인 대안이 바로 차라며, 차를 알코올의 대안으로 내세우는 금주운동을 주도적으로 펼친다. 뒤늦게야 차의 효능을 깨달은 존 웨슬리는 티파티를 주최하기도 하고, 당시 서민층의 주된 음료였던 알코올음료의 대안으로 차를 권장했다.

19세기에 들어서자 음주습관에 커다란 변화가 일어났다. 새로운 음료였던 차가 대중음료로 자리 잡으면서 알코올을 대중음료의 자리에서 밀어냈다. 중산층들도 주로 집이나 클럽 등 사적인 공간에서 적절히 술을 마셨다. 하지만 노동계층에서는 중세시대의 음주습관이 여전히 유지되었다. 산업화 초기 노동자의 일상생활은 지극히 열악했다. 노동자의 삶에서 알코올이 차지하는 비중은 절대적이었다. 사회적 일체감의 상징으로서뿐만 아니라 잠시라도 비참한 삶을 잊기 위해서 술을 마셨다.

이러한 시기에 아이를 안은 엄마가 술에 취해 인사불성이 되어 길가에 쓰러진 사건이 발생하자, 알코올에는 악마와도 같은 위험이 도사리고 있다는 것을 인식하게 되었다. 이를 계기로 1820년대에 알코올 소비가 가장 많았던 스코틀랜드와 아일랜드에서 본격적인 금주운동이 시작되었고 점차 잉글랜드와 웨일스 전역으로 확산되었다.

산업화·공업화로 건실한 노동력이 필요했던 영국은 차를 적극적으로 권장했다. 1831년에는 영국의 한 상선이 술을 싣지 않고 항해를 하자 정부는 차와 설탕, 커피 등을 관세 없이 선적하여 40일 이상을 항해할 수 있도록 허가해 주었다. 그 이듬해에 랭커셔 프레스턴에서 온 리처드 터너Richard Turner가 주창한 완전금주운동인 '프레스턴 운동'은 금주협회로 발전하여 알코올 대신에 차를 마시자는 운동을 전개하였다. 절대금주(teetotal)라는 용어가 차(tea)라는 용어와 어떤 관계가 있어서 만들어진 것인지 확실하지는 않지만, 이 용어가 처음 사용될 때 티파티로 금주운동을 위한 모금운동을 활발히 했던 것만은 사실이다.

당시에는 만취하여 싸움을 벌이거나, 가끔 2~3일 동안 회사에 나오지도 않는 직원들과 술에 절은 상태로 회사에 출근하는 근로자들이 많았다. 이러한 일이 빈번하게 발생하자, 산업혁명의 역군인 회사에서 금주운동에 팔을 걷어붙였다. 차와 간식을 먹으며 화기애애한 분위기 속에서 진행된 모임에서 금주의 서약을 하기도 했다. 이즈음 가난한 사람들에게 값싼 음식과 알코올 성분이 없는 음료를 제공하며 알코올의 유혹에서 벗어날 수 있도록 많은 금주업소들이 속속 등장했다. 차가 전래된 지난 수 세기동안 차는 많은 사람들의 건강과 삶을 파괴

한 알코올의 대안으로 자리 잡았으며, 건강한 생활의 대명사가 되었다.

여성의 사회활동과 차

17세기 상업주의의 등장과 함께 커피는 새로운 음료로 각광을 받았다. 커피하우스는 그 시대의 특성을 반영하고 있었다. 점차 지식에 눈뜬 민중들이 정보와 문화를 접할 수 있는, 담론하는 사교장이었던 커피하우스는 초기에는 남성들에게만 열린 공간이었다. 하지만 커피하우스는 영국인의 의식구조와 생활을 조금씩 바꾸어가는 공간이 되었다. 당시 여성들의 삶은 폐쇄적이었다. 대규모 가족모임과 교회에 가는 것을 제외하고는 집 밖에서의 사교는 남성들을 위해서만 존재했다. 18세기에 이르러서도 여성들은 다과회 모임에 참석할 수 있는 정도였다.

찰스 2세는 당시 유행했던 커피하우스 출입을 금지한 적이 있었다. 토론하고 정보를 교환했던 모임의 장소인 커피하우스에 불안을 느껴 금지령을 내리게도 했지만, 주부들이 남편의 커피하우스의 출입을 막아 달라는 탄원을 제출했기 때문이기도 하다. 남성들의 전용클럽이요, 활력제였던 커피하우스는 남성들에게 열광적인 환영을 받았지만 여성들은 그래서 더욱 싫어했던 공간이었다. 남편들이 어두침침하고 시끄러운 커피하우스에 자주 찾아가 틀어박혀있자 여성들은 분개했다.

1674년 런던에서는 '커피에 대한 여성들의 항의'라는 제목의 팸플릿이 익명으로 간행되었다. 세간의 주목을 끌었던 팸플릿에는 지나친 커피음용이 성생활에 지장을 가져온다는 내용이 적혀있었다. 여성들은 머지않아 우리의 자손들은 원숭이나 다름없는 짐승이 되어 사라질 거라면서 불임을 촉진시키는 커피와 커피하우스의 출입을 반대했다. 찰스 2세의 금지령은 커피 애호가나 판매자들의 강한 반발에 의해 오래가지 못했지만, 여성들의 반발로 특정분야의 남녀평등을 이끌어내는 결과를 만들었다.

토머스 트와이닝Thomas Twining은 첫 번째 커피하우스가 번창하자 개점한 '골든 라이언Golden Lyon'에서 처음으로 여성들의 출입을 허용하였다. 이후부터 여성들은 남성들 못지않게 커피하우스를 이용하였다. 집에서 음용할 찻잎을 사기 위해서는 남편이나 남자하인을 커피하우스로 보내야 했던 여성들이, 이제는 커피하우스에 가서 자신이 좋아하는 차를 직접 구입할 수 있게 된 것이다.

19세기가 되어서도 여성의 사회적 지위는 크게 향상되지 않았다. 남성들은 아무 때고 클럽이나 레스토랑, 호텔, 식당 등에 가서 식사를 할 수 있었지만 여성들은 남편이나 아버지와 동행했을 때에만 외출해서 식사를 할 수 있었다. 엄마와 아이들이 함께 외출해서 차 한 잔이나 가벼운 음식을 먹으며 편안하게 쉴만한 공간이 없었다. 티룸Tea room은 외출해서 자유로이 사교생활을 하거나 식사나 음료를 하고 싶어하는 여성들의 욕구를 충족시켰다. 19세기 티룸의 존재는 영국의 여성들을 질곡에서 벗어나게 해주는 진보운동의 상징처럼 되었다.

19세기 중반 이후부터는 여성들도 차 사업에 참여하게 된다. 남편과 함께 차 사업을 하거나 사업체를 직접 설립하여 활발히 참여했다. 차는 이렇듯 여성들이 사회에 적극적으로 참여하는 기회 또한 열어주었다.

다복의 출현

차문화가 완전히 정착된 19세기는 중산층의 수효가 증가하여 사회전반에 그들의 영향이 미치지 않는 곳이 없는 시민적인 문화가 형성된 시기이다. 산업이 발달하고 민주주의 확산이 계속되자 모든 생활양식에 큰 변화가 왔다.

18세기의 유행사조였던 섬세하고 화려한 로코코 스타일이 사라지고 고전풍의 클래식 스타일이 등장했다. 그러다 19세기 중반 즈음 유럽제국은 구귀족 중심의 사회가 되며 생활전반에 지난날의 기호와 양식이 다시 태어나기 시작했다. 여성의 복식은 다시 18세기의 리본과 레이스를 많이 사용하고 크리놀린과 페티코트를 한 화려한 모드를 따랐다. 또한 새로운 직물과 염료의 탄생으로 새로운 스타일이 유행되었다.

차가 대중화되자 복식에서도 새로운 장르가 탄생되었다. '다복(Tea gown)'이 복식의 역사에 등장하게 된 것이다. 차의 대중화로 티파티가 자주 열리자 티파티의 주최자나 손님들은 티파티 때 입을 의복이 가장 큰 고민거리였다. 이에 마리 베이어드Marie Bayard는 티파티의 여주인에게 다복을 권하며, 장갑은 손님을 많이 초청했을 때나 손에 땀이 많이 날 때 착용하면 좋다고 했다. 티파티에서 춤을 출 때에는 숙녀들은 다시 모자를 써야한다며 에티켓과 함께 티파티 때의 복장에 관해 언급했다.

다복(Tea gown)

애프터눈 티가 여성들이 누리는 즐거운 시간으로 확실히 자리잡게 되자 다복도 이와 함께 발전했다. 19세기 말, 당시 유행을 알 수 있는 패션잡지인 『미와 패션Beauty & Fashion』에 애프터눈 티타임을 주최하는 여주인이 입는 다복에 대한 기사가 있었다. 여주인이 마음에 드는 아름다운 다복을 입었다면 정중하고 상냥한 태도로 즐겁게 대화를 하며 그 날의 티타임을 이끌어갈 것이라고 했다. 여주인에게 잘 어울리는 다복은 애프터눈 티타임의 차만큼이나 중요한 영향을 끼친다고 했다.

당시 유행한 패션은 가는 허리와 넓은 스커트가 상징이었다. 특히 가는 허리를 만들기 위해서는 코르셋이 절대적으로 필요했다. 이에 1884년 켄징턴에서 열린 국제의학전시회의 의복분과에서는 많은 신체구조를 왜곡시키기는 코르셋을 폐기

해야 한다고 강조했다. 이러한 흐름에 맞춰 애프터눈 티 '다복'은 여성의 신체에 자유를 주었다. 다복은 차를 즐길 때만큼이라도 편안한 차림으로 티타임을 즐길 수 있도록 편안하게 디자인되었다. 부드러운 천이 흘러내리는 디자인으로 집안에서 친구들과 차를 마실 때 입는 비교적 비공식적인 차림이었던 것이다. 이러한 다복은 빠르게 변화를 거듭했다. 티타임 때에만 입는 극히 사적인 다복은 점차 반공식적인 의복으로 거듭나며 조용한 정찬파티나 연회 때 입게 되었다. 1890년대 런던과 파리의 유명 의상실에서는 다양한 다복을 만들어 손님을 유혹했다.

새로운 스타일을 연속 발표하며 패션계의 선구자 역할을 했던 프랑스의 여성복 디자이너인 폴 푸와레Paul Poiret는 동방의 의상을 모티브로 하여 여성의 독특한 미를 연출했다. 이는 다복에서도 나타났는데 일본풍의 색채와 그리스풍의 선이 프랑스풍과 조화를 이루는 다복이 나오기도 했다. 20세기 초에는 동양풍 디자인에 대한 관심이 많았다. 특히 일본 스타일의 인테리어나 정원, 패션과 가재도구 등의 영향이 컸다. 이 시기의 다복 역시 몸을 구속하는 스타일이 아닌 소매가 넓고 헐렁하게 입는 자유롭고 편안한 기모노 스타일이었다. 당시 화려한 천과 장식으로 만든 다복은 상당히 값이 비싸 새로운 대안으로 옷을 입을 당사자에게 맞는 색조의 실크 모슬린을 권하기도 했다.

1914년 제1차 세계대전이 발발하자, 우아하고 탐미적인 에

드워드시대와는 다른 라이프스타일로 바뀌게 된다. 이제 티타임에 야외복이나 칵테일 드레스를 입었다. 이 때 입은 야외복이나 칵테일 드레스의 옷감은 여전히 부드럽고 얇은 실크, 레이스와 쉬폰 등을 이용했으나, 디자인은 단순해졌다. 삽화와 함께 '춤을 추거나 저녁식사에, 혹은 차를 마시며 데이트하기에 적합합니다'라고 게재된 1930년대의 광고문구들을 보면 가벼운 옷감을 소재로 하여 발목이나 종아리까지만 내려오는 의상이었다. 제2차 세계대전 때에는 우아한 애프터눈 티를 즐길 만한 여유가 없었다. 간혹 패션잡지에 '티파티의 여주인용 다복'이라는 광고나 기사가 있었으나, 자연스레 다복은 사라지고 있었다.

삶 속에 뿌리내린 홍차문화

영국은 안개와 버버리 코트 그리고 우산이 연상될 정도로 우중충하고 춥다. 이러한 영국이 전혀 회색빛으로 느껴지지 않는 것은 잘 가꾸어진 화사한 정원과 홍차 때문일 것이다. 일본의 다회를 보고 문화적 자극과 함께, 의식과도 같은 행다行茶에 호기심을 갖게 된 네덜란드는 차를 유럽에 전래시켰다. 차는 영국에서 새로운 문화를 만들며 가장 화려하게 활짝 피었다. 캐더린 왕비와 커피하우스는 당시 낯선 풍경이었던 차 음용을 음다습관으로 확실히 확산시키며 영국 홍차문화의 기초를 닦았다.

차가 전래된 초기부터 있었던 반대론은 18세기까지 이어졌다. 하지만 아침식사의 알코올음료는 모닝티로 라이프스타일을 바꾸었을 뿐 아니라 다회를 즐기는 왕실과 상류층의 문화는 점점 부르주아층으로 확산되어 갔다. 찻값이 너무 비싸 음다생활을 즐기지 못하던 서민층은 밀수한 차나 위조차를 마시며 음다문화를 모방했다. 부와 지위의 상징이었던 초기의 차는 티 클리퍼 레이스를 통해 모든 계층의 관심이 되었으며, 해운업을 발달시키는 계기를 마련해 주었다. 차를 갈망하는 소비자의 욕구에 부응하기 위해 인도와 실론섬에 대규모 다원이 생기면서 값싸고 품질이 균일해져 기호에 맞는 차가 대량 생산되었다.

이러한 차는 19세기가 되면서 또 한 번 새로운 역사의 장을 맞이하게 된다. 상류층에서 비롯된 애프터눈 티와 노동자층에서 비롯된 하이 티가 탄생한 것이다. 영국의 문화를 대표하는 우아한 애프터눈 티는 위에서 아래로, 그리고 많은 음식과 차와 함께 하는 즐거운 저녁식사 시간인 하이 티는 아래에서 위로 확산되며 전국민의 대표적인 티타임이 되었다.

가정의 안과 밖 어디에서도 차는 어느 틈엔가 모든 영국인의 생활 속에 스며들었다. 알코올과 수인성 질병 등으로부터 건강의 지킴이가 되었으며, 산업혁명의 원동력이 되었다. 영국의 정치·사회·경제는 물론 패션과 레저생활에서도 차문화는 영향을 미쳤다. 나아가 남녀평등을 끌어내는 데에도 큰 역할을 담당했다.

영국의 자본주의를 발전시킨 부르주아층이 바로 영국의 홍차문화를 만든 주역들로서 홍차 속에도 물질문화를 지향하는 성격이 강하게 남아있다. 영국으로서는 영국 경제를 발전시킨 큰 계기가 되었지만, 식민지를 착취하는 결과를 낳기도 했다. 세계를 뒤흔들었던 미국의 보스턴 차 사건과 중국의 아편전쟁의 원인이 되기도 했다. 영국은 동경의 대상이었던 중국의 도자기를 뛰어넘어 본차이나를 탄생시킴과 더불어 도자기의 종주국이 되었다. 영국은 홍차문화를 이끌어가는 주역으로 자리하며 차를 세계인의 음료로 정착시키는 데 큰 공헌을 하였다.

아침에 눈을 뜨면서부터 잠자리에 들기 전까지 하루에도 여러 스타일의 티타임을 갖는 영국인의 홍차 풍경은 실로 다양하고 윤택하다. 영국인들은 그 시대의 문화, 의식, 시대상 등에 맞게 변화, 발전, 정착하면서 영국의 홍차문화를 만들어갔다. 중국에서 건너온 차는 영국인의 자유로운 사고와 만나면서 다양한 변이를 인정해주는 유연성 있는 음료로 재창조되었다. 만남을 통해 감성을 세련되고 풍요롭게 하는 사교문화를 티타임에 접목해 우정을 나누는 정겨운 티타임을 만들었다. 향기로운 티타임은 영국인의 생활에 여유와 즐거움을 주며 생활 속의 아름다움을 실현하는 장을 만들어 주었다. 절제를 강조한 청교도의 사고방식을 볼 수 있는 소박한 영국의 요리와는 다르게 티 푸드는 다양하고 풍부했으며, 티타임은 보수적인 영국인들을 여유롭고 관대하게 만들었다.

중국에서 전래된 차는 영국인의 사고와 영국 본래의 문화라는 낯선 땅에 뿌리내려, 새로운 양분을 먹고 자라 우아한 꽃을 활짝 피웠다. 식민지 개척과 산업화로 감성이 메마른 시기를 풍요롭게 하고, 영국인의 생활 패턴을 변화시키며, 영국인이 지나왔던 모든 발자취 속에 차는 늘 함께해왔다.

홍차 이야기

펴낸날	초판 1쇄 2007년 10월 5일
	초판 3쇄 2009년 12월 24일

지은이	**정은희**
펴낸이	**심만수**
펴낸곳	**(주)살림출판사**
출판등록	1989년 11월 1일 제9-210호

경기도 파주시 교하읍 문발리 파주출판도시 522-1
전화 **031)955-1350** 팩스 **031)955-1355**
기획·편집 **031)955-1364**
http://www.sallimbooks.com
book@sallimbooks.com

ISBN 978-89-522-0716-6 04080
     89-522-0096-9 04080(세트)